REINHARD MARX

Kult

REINHARD
MARX

KULT

WARUM DIE ZUKUNFT DES
CHRISTENTUMS UNS ALLE BETRIFFT

 KÖSEL

Penguin Random House Verlagsgruppe FSC® N001967

Copyright © 2025 Kösel-Verlag, München,
in der Penguin Random House Verlagsgruppe GmbH,
Neumarkter Str. 28, 81673 München
produktsicherheit@penguinrandomhouse.de
(Vorstehende Angaben sind zugleich
Pflichtinformationen nach GPSR)

Umschlag: zero-media.net, München
Umschlagmotiv: FinePic®, München
Autorenfoto: picture alliance / SvenSimon | FrankHoemann/SVEN SIMON
Satz: Satzwerk Huber, Germering
Druck und Bindung: GGP Media GmbH, Pößneck
Printed in Germany
ISBN 978-3-466-37339-0

www.koesel.de

Für alle, mit denen ich zusammen Eucharistie feiern darf

»Siehe, ich stehe vor der Tür und klopfe an.
Wenn einer meine Stimme hört und die Tür öffnet,
bei dem werde ich eintreten
und Mahl mit ihm halten und er mit mir.«

(Offb 3,20)

Inhalt

1
Einblicke

Mit dem Jahr 1989 begann eine neue Epoche der Weltgeschichte und so wie ich dachten viele: Eine bessere Zeit bricht an mit positiven Entwicklungen für Deutschland und die gesamte Welt. Heute, gut 35 Jahre später, macht sich Ernüchterung breit: die verheerenden Auswirkungen des Klimawandels und Artensterbens, die Folgen der Covid-Pandemie, die bis heute nachwirkende weltweite Finanz- und Wirtschaftskrise, Kriege, Gewalt, Terror, globale Machtkämpfe, stetig zunehmende Migration weltweit. Man fragt sich: Wo sind die Kräfte des Zusammenhalts? Was ist mit Solidarität? Erreichen wir noch einmal Frieden? Und aus meiner speziellen Profession und Verantwortung als Theologe und Bischof frage ich mich natürlich auch: Wie steht es bei all dem um die Bedeutung und den Beitrag der Religion?

Seit Jahren gibt es Diskussionen, wie lange die beiden (noch) großen Kirchen in Deutschland ihre Bedeutung behalten werden. Von den messbaren Zahlen her scheint sich ein unaufhaltsamer Niedergang abzuzeichnen, dem viele Akteure innerhalb und außerhalb der Kirchen relativ ratlos zusehen. Zwar gibt es vielfältige Überlegungen, wie dieser Prozess aufzuhalten sei, Unternehmensberatungen begleiten die Verantwortlichen in der Kirche, Philosophie und Theologie entwerfen Modelle und innerkirchlich gehen die Debatten über Erneuerung, Modernisierung und Evangelisierung weiter. Somit stelle ich mich also in die Reihe der vielen, die über die Zukunft der Kirchen, ja der Religion insgesamt nachdenken.

Dabei ist mir bewusst, dass es hier nicht nur um die Zukunft der Religionen oder speziell der christlichen Kirchen geht, sondern um die Zukunft der Gesellschaft. Denn Freiheit und Demokratie sind keine Selbstläufer. Wer will voraussagen, wie sich die offene Gesellschaft, die Demokratie in den nächsten Generationen entwickeln, sich stabilisieren oder unter Spannungen gefährdet werden? Spielt dabei die Präsenz von Religion eine Rolle?

Der Anspruch dieses Essays ist nicht der einer wissenschaftlichen Abhandlung, sondern einer nachdenklichen Intervention. Sie schließt an meinen Denk- und Glaubensweg und an viele vorhergehende Äußerungen zu gesellschaftlichen und theologischen Fragen an. Im Rückblick sehe ich zugleich Entwicklung und Kontinuität. Schon in meiner Dissertation waren Kirche und Gesellschaft sowie die Ortsbestimmung der Kirche in der Moderne die Leitmotive, die mich seitdem immer wieder beschäftigt haben. Durch meine Aufgabenfelder wurde die politische und sozialethische Thematik stärker, die auch hier bedeutsam ist. Für mein Dafürhalten bilden meine Bücher, die bei Kösel erschienen sind, einen Zusammenhang: Glaube, Kirche, Freiheit und Kult. Denn: Wie kann der christliche Glaube heute wirksam werden? Welche Gestalt soll die Kirche in einer offenen Gesellschaft haben, und wie sollte eine vom Christentum, von der Katholischen Soziallehre geprägte Gesellschaft aussehen? Ich hoffe, dass ich diese Überlegungen nun weiterführen kann. Dieses Buch soll auch ein gewisser Weckruf sein, denn es ist zumindest für mich klar, dass sich mit dem Verschwinden der Religionen, mit der nachlassenden Kraft insbesondere des Christentums ein Einschnitt vollzieht, der tiefgreifende Folgen hat. Daran zweifeln auch nicht die Kritiker, ja »Verächter« der Religion. Denn auch für sie ist nicht klar, ob dieses Verschwinden zu einer größeren Aufklärung, einem Zeitalter der Vernunft führt oder »alte Geister« heraufziehen lässt, die regressiv einer »Prämoderne« zuneigen. Auch im Politischen deutet sich einiges an neuer Regression an. Und ich bin sehr besorgt über die europaweiten und auch weltweiten Entwicklungen hin zu Rechtspopulismus, Nationalismus und rückwärtsgewandter Abgrenzung. Insbesondere weil, wie es Sonja Angelika Strube thematisiert, »antimoderne Theologien Andockstellen für neurechte Ideologien« sein können.[1]

Das fordert die Gläubigen und die Kirchenverantwortlichen heraus, sich dem zu stellen und eindeutig Position zu ergreifen, denn es ist ein »Bekenntnisfall für das Christentum« (Strube), die Menschenwürde zu verteidigen. Darum war die Erklärung der deutschen Bischöfe vom Februar 2024, dass völkischer Nationalismus und Christentum unvereinbar sind, ein wichtiger Beitrag, dem sich viele Menschen anschließen konnten.[2]

Die Zukunft der Religionen

Mir ist bewusst, dass der Titel dieses Buches provozieren kann. Es geht mir nicht um einen Eyecatcher, sondern um eine programmatische Aussage. Denn was immer wir uns vorstellen über die Zukunft der Religionen, wie wir ihren Rückgang oder ihr Verschwinden deuten, es geht am Anfang um eine grundsätzliche Klärung, was denn Kern der Religionen und im Besonderen – aus meiner religiösen Beheimatung heraus – Kern des Christentums ist. Dabei betreibe ich keine vergleichende Religionswissenschaft, sondern will vertiefen, was ich meine, wenn ich vom Christentum rede. Dass ich in besonderer Weise den Blick auf die katholische Kirche werfe, für die ich als Bischof Mitverantwortung trage, wird nicht überraschen. Doch ich hoffe, dass sich weitere ökumenische Perspektiven erkennen lassen und ebenso interreligiöse Bezüge.

Eine der für mich sehr bedeutenden Ikonen des 20. Jahrhunderts ist das Bild vom Treffen der Religionen in Assisi. Johannes Paul II. hat 1986 zum ersten Mal alle Religionen der Welt zu einem gemeinsamen Friedensgebet nach Assisi eingeladen. Für uns als junge Priester war das ein Hoffnungszeichen: Alle Religionen sind im Kern auf das Gute hin orientiert und deshalb eine Ressource des Friedens und der Verständigung. Auch wurde durch das Treffen von Assisi der Dialog zwischen den Religionen merklich vorangebracht. Hans Küng beförderte ab Mitte der 1980er Jahre mit dem »Projekt Weltethos« den Gedanken, dass ein Weltfrieden den Frieden zwischen den Religionen braucht und aus dem Dialog der Religionen ein gemeinsames Weltethos entstehen kann: »Kein Friede unter den Nationen ohne einen Frieden unter den Religionen, kurz: kein Weltfriede ohne Religionsfriede!«[3] All diese Bewegungen waren vom Optimismus geleitet, der die Entwicklung hin zu einer immer größeren Verständigung auch der Religionen unumkehrbar erscheinen ließ.

Fast 40 Jahre später erleben wir doch etwas ganz anderes: In allen Religionen hat die Tendenz zu einer stärker fundamentalistischen Grundorientierung zugenommen, das normative Projekt der Moderne, die Vorstellung von einer immer intensiveren Aufklärung und stärker säkular geprägten Demokratisierung ist weltweit zumindest ins Stocken geraten. Die revolutionäre Erfahrung von 1989 und die Hoffnung, dass Demokratie, Menschenrechte, Freiheit und Gerechtigkeit sich endgültig als realistische Optionen für die Zukunft durchsetzen würden, haben sich als brüchig erwiesen, jedenfalls aus heutiger Perspektive.

In den 1990er Jahren wurden besonders zwei Beiträge sehr diskutiert, die den Blick in die Zukunft auf unterschiedliche Weise darstellen: Francis Fukuyamas »Das Ende der Geschichte« und Samuel

Huntingtons »Kampf der Kulturen«[4]. Auch davon ausgehend hat
mich die Zukunftsfrage beschäftigt und ich war hoffnungsvoll und
überzeugt, dass sich die Dynamik der Freiheit nicht mehr aufhalten ließe. Nicht nur meine Hoffnung war: Am Ende werde sich ein
politisches System der verantwortlichen Freiheit durchsetzen, ba-
sierend auf der Achtung der Menschenrechte und geteilter Werte,
und gesichert durch gewisse Strukturen einer globalen Weltinnen-
politik. Doch stattdessen sind Rechtspopulismus, Nationalismus,
politische Spannungen zwischen Großmächten und vor allem
neue Kriege und eine militärische Kampfrhetorik wieder erstarkt.

Den Diskurs prägen jetzt Themen wie Identität, Sicherheit und
Macht. Diese Fragen treiben sehr viele Menschen sorgenvoll um
und beschäftigen Wissenschaft und Politik. Wie es dazu kommen
konnte und was das bedeutet, kann ich allein aus meiner Perspektive natürlich nicht umfassend behandeln; ich will aber danach
fragen, was das für die gegenwärtige und zukünftige Entwicklung
von Religion und vor allem für ihre Präsenz bedeutet. Erkennbar
ist jedenfalls der Versuch, Religion politisch zu instrumentalisie-
ren – auch kulturpolitisch im Sinne der Stärkung einer nationalen
Identität –, und die Religionen lassen sich oft auf diese Instrumentalisierung ein und unterwerfen sich in gewisser Weise nationalen
und politischen Interessen. Das wiederum wirft die Frage nach den
Religionen selbst auf, danach, wie sie sich verstehen, was ihr jewei-
liger Kern ist, welche Ausrichtung sie haben. Entgegen einem all-
gemeinen Religionsbegriff, der vielleicht auf Cicero zurückgeht,
meine ich, dass stärker auch die empirisch fassbare Realität der
einzelnen Religionen beachtet werden muss, ebenso wie ihr jewei-
liges Selbstverständnis. Die Religionen sind auch zu befragen: Ist
ihr Kern vereinbar mit den Ideen von Freiheit, Toleranz, Anerkennung auch des jeweils anderen?

Gerade die letzten Jahre haben gezeigt, dass der Religionsbegriff eher weit gefasst ist, und die einzelnen Religionen sich hinsichtlich ihrer Gottesbilder und ihrer Konzeptionen von Mensch und Gesellschaft unterscheiden. Ein neues Gespräch, ein erneuerter Dialog setzt voraus, dass die Religionsgemeinschaften und auch die Kirchen sagen, wie sie sich selbst verstehen. Davon ausgehend lässt sich dann im Dialog das Gemeinsame und das Trennende klären. Ökumene und interreligiöse Gespräche führen nicht weiter, wenn man nur den kleinsten gemeinsamen Nenner anzielt und keine vertiefende Verständigung sucht. Der kleinste gemeinsame Nenner birgt die Gefahr von Unklarheit, Einförmigkeit, Nivellierung, woraus wohl kaum eine gesellschaftlich relevante und wirksame Kraft entstehen kann. Unschärfe und Allgemeinplätze lassen kein Profil erkennen, das markante und weitergehende Impulse und Debatten auslösen kann.

Das Wesen des Christentums

Für mich stellt es sich so dar: Das Wesen des Christentums ist das Christusereignis, das sichtbar wird in der kultischen Feier von Tod und Auferstehung Jesu von Nazareth. Christentum und Kult gehören aufs Engste zusammen. Die Frage nach der Bedeutung des Kultes für die Zukunft des Christentums beschäftigt mich seit vielen Jahren. Wir sehen, dass vieles, was ursprünglich die Kirche mit initiiert hat, mittlerweile auch vom Staat, vom Gemeinwesen übernommen und damit als gesamt-gesellschaftliche Aufgabe wahrgenommen wird. Das gilt etwa für Bildung, Gesundheit, sozialstaatliche Absicherung in Situationen von Armut, Alter, Pflege und Arbeitslosigkeit, und erstreckt sich auch in den Bereich von Kunst und Kultur, die sich aus dem Bereich des Religiösen emanzipiert haben. Das heißt nicht, dass diese vielfältigen Bereiche nicht auch weiterhin mit einer kirchlichen Profilierung bedeutsam sind für das Handeln der Kirche. Im Zentrum steht aber doch das, was gerade in der katholischen und auch in der orthodoxen Tradition als Sakramentalität der Kirche bezeichnet wird. Es geht letztlich darum, ob Gott wirklich existiert und ob es irgendeine von Menschen denkerisch erschließbare und real erfahrbare Möglichkeit gibt, Gott zu begegnen. Diese Annahme, die im Glauben getroffen wird, führt zum Kern des Christentums, der sich in der gottesdienstlichen Feier ereignet.

Der Begriff »Kult« nimmt Bezug auf die ganze Religionsgeschichte, die Feier des Opfers, die Bemühungen des Menschen, die Götter zu erreichen, zu beeinflussen und von der Erde in den Himmel, die Welt der Götter, vorzustoßen. Der christliche Kult nimmt das auf, integriert vieles, aber es verändert sich auch etwas Grundlegendes: Denn nicht der Mensch kann durch seine Anstrengungen die Begegnung mit Gott ermöglichen, sondern nur Gott selbst kann sich dem Menschen vorstellen, sich menschlichem Denken erschließen und sich auf menschliche Weise erfahrbar machen. Alles andere ergibt sich von da her, auch die Ethik, die Organisation der Religion, ihr Beitrag zum Gemeinwesen usw.

Ohne die »göttliche Initiative« gäbe es keine Begegnung von Gott und Mensch. Und genau das findet sich im Kern der christlichen Kultfeier: Wir feiern in der Liturgie, dass Gott auf den Menschen zugeht und sich erfahrbar macht. Diesen Kult nennt die Kirche die Feier des Pascha-Mysteriums: die Feier von Leben, Sterben und Auferstehen Jesu von Nazareth. Winfried Haunerland formuliert es so: »Wenn Liturgie als Feier des Paschamysteriums bezeichnet wird, dann wird die Liturgie insgesamt (…) als Vergegenwärtigung des Erlösungsgeschehens auf den Punkt gebracht. Gleichzeitig aber verweist der Begriff auch auf die christusförmige Existenz der Christen und greift damit weit über das Christusereignis in der

Vergangenheit hinaus.«[5] Anders ausgedrückt: In der Liturgie und den kultischen Feiern öffnet sich der Himmel, Gott zeigt sich als Vater aller Menschen und darin erschließt sich ein neues Leben, eine neue Schöpfung, die zur Verwandlung der Welt führt.

Ich bin überzeugt, dass der Kult wesentliches Herzelement des Christentums ist. Ohne die Feier der Eucharistie, in der eine neue Realität bezeugt und erfahren wird, kann die Kirche nicht bestehen. Eucharistie ist als sakramentale Feier Opfer und Mahl zugleich, und sie ist Sendung!

Das ist gerade nicht vereinbar mit Kirchenbildern von Weltflucht oder spirituellem Eskapismus. Deshalb will ich deutlich machen, dass ein christlicher Kult ohne politische Ausrichtung ins Leere läuft, denn der Kult will eine neue Welt erstehen lassen und Kräfte freisetzen zur Verwandlung all dessen, was in unserer Welt noch nicht gut und heil ist. Das ist das Programm Jesu von Nazareth. Bei seiner Antrittsrede in seiner Heimatstadt Nazareth geht Jesus als gläubiger Jude am Sabbat in die Synagoge und liest dort aus der Buchrolle des Jesaja: »Der Geist des Herrn (…) hat mich gesandt, damit ich den Armen eine frohe Botschaft bringe; damit ich den Gefangenen die Entlassung verkünde und den Blinden das Augenlicht; damit ich die Zerschlagenen in Freiheit setze und ein Gnadenjahr des Herrn ausrufe.« (Lk 4,18 f.) Viele kennen das noch deutlicher aus der Bergpredigt (vgl. Mt 5–7). Das ist kein (partei-) politisches Programm im engen Sinne, aber es ist ein Programm der Freiheit, der Gerechtigkeit und der Hoffnung.

Deswegen ist eines meiner Hauptanliegen herauszustellen, dass die Eucharistie als »Quelle und Höhepunkt des ganzen christlichen Lebens«, wie es das Zweite Vatikanische Konzil in der Kirchenkonstitution »Lumen gentium« (LG 11) formuliert, Veränderung, Verwandlung, Erneuerung des Lebens und der Welt will und somit in diesem Sinne eine politische Sendung hat. Es geht auch, aber bei Weitem nicht nur, um »schöne« Liturgien. Es geht vor allem um den geweiteten Blick auf einen »neuen Himmel und eine neue Erde« (Offb 21,1).

Darum ist für mich auch die Katholische Soziallehre nichts anderes als auf die konkrete Situation angewandtes Evangelium. Denn – und dem können vermutlich doch sehr viele Menschen zustimmen – das Paradies auf Erden schaffen wir Menschen nicht, aber wir können versuchen, unsere Welt besser zu gestalten. Als Christen und Christinnen tun wir dies in der Perspektive des Evangeliums.

Umso beunruhigender ist es, dass gerade Traditionalisten und eine neue konservative katholische Rechte, einschließlich eines katholischen Rechtspopulismus, den Kult und christliche Positionen vereinnahmen als Instrumente für eine »konservative Revolution«. Kirche und Kult werden in dieser Logik zu »Bollwerken« gegen die moderne Welt eingeschworen, die vielleicht nicht immer und in allem zum Besseren geführt hat. Grundsätzlich verstehen wir selbstverständlich die moderne Welt als »Fortschritt im Bewusstsein der Freiheit«[6], wie es Hegel (1770–1831) in seinen »Vorlesungen über die Philosophie der Geschichte« formuliert. Das Christentum ist kein Bollwerk *gegen* die Welt, keine zeitlose mit alten Riten ummauerte Festung *gegen* etwas, sondern dieser Kult ist Kraftquelle und Ort der Erneuerung der Welt im Geiste Jesu. Auch deswegen wähle ich bewusst den Begriff Kult und trete für eine Erneuerung und Vertiefung dieses kultischen Zentrums kirchlichen Handelns ein; gerade auch, weil seitens der Moderne und der Aufklärung eher »kultkritisch« argumentiert und das Christentum auf Ethik reduziert wurde und wird.

Ich lade dazu ein, diesen Grundgedanken in verschiedenen Perspektiven zu entfalten und kritisch zu prüfen, und möchte Anregungen geben zum persönlichen Nachdenken und dazu ermutigen, meiner These zu widersprechen. Die Zukunft des Christentums ist für alle, auch für Anders-Gläubige und Nicht-Gläubige, von außerordentlicher Bedeutung und deshalb braucht es eine vielfältige Debatte darüber.

2
Verschwindet Religion?

Die kleine Stadt meiner Kindheit in den 1950er Jahren: geprägt von Religion! Jedenfalls kam es mir so vor. Man konnte der Religion in Gestalt der katholischen Kirche gar nicht ausweichen. Geseke war geprägt von drei Pfarreien, der alten Stadtpfarrei, der Stiftspfarrei und der Pfarrei St. Marien, die ein Neubaugebiet mit Arbeiterschaft und vielen Flüchtlingen umfasste. Gleichrangige Persönlichkeiten neben Bürgermeister und Stadtdirektor waren der Stadt- und der Stiftspfarrer. Kaum jemand konnte sich diesem katholischen Milieu entziehen. Ich besuchte die staatliche Katholische Knabenschule in Geseke. Erst auf dem Gymnasium, das sich zu meiner Schulzeit im Aufbau befand, war ich dann gemeinsam mit Mädchen und mit evangelischen Mitschülern und Mitschülerinnen im Unterricht. Der Besuch des Sonntagsgottesdienstes war für die meisten in Geseke damals wohl selbstverständlich. Zur Identität der Stadt gehörten der Katholizismus und der praktizierte Glaube. Obwohl mein Vater im Hinblick auf Predigten und kirchliche Praxis sehr kritisch war, habe ich für mich das katholische Leben, erst recht als Kind, nicht hinterfragt: Das war so und es sollte so bleiben. Aber es blieb eben nicht so. Seit Mitte der 1960er Jahre kam der Umbruch, wie in allen Teilen Deutschlands und Westeuropas, und die kritischen Auseinandersetzungen auch mit der Kirche begannen; das ging bis in die Schulklassen hinein. Innerhalb von einer Generation brach der Besuch des Sonntagsgottesdienstes um ein Drittel bis zur Hälfte ein. Diese Entwicklung stellte sich vor allem bei den Jüngeren, bei den Männern und bei gebildeten Teilen der Bevölkerung ein, natürlich auch bei uns in Geseke und anderswo. Diesen Befund ergeben auch Studien des Instituts für Demoskopie Allensbach und entsprechende Umfragen. Ewald Frie beschreibt in seinem wunderbaren Buch »Ein Hof und elf Geschwister« eindringlich, wie sich Glaube und Alltag im Lauf der Jahre beständig wandeln.[7]

Ein zentraler Begriff dieses Prozesses ist Säkularisierung. Dazu kam eine durch die Emanzipationsbewegungen der 1960er und 1970er Jahre und bis heute forcierte Individualisierung, sodass die Einzelnen mit ihren Vorstellungen von Leben und Werten stärker zum Zug kamen und auch freier ihre individuelle Lebensgestaltung verfolgen konnten, ohne soziale Sanktionen zu befürchten. Diese Entwicklung wurde von vielen als Niedergang empfunden. Und dieses negative Narrativ hält bis heute an. Die Kirche wird dabei als Verliererin, als vor-modern, rückständig und zunehmend als »privates Bedürfnis« ins Abseits gerückt. Damals stellte man sich noch nicht unmittelbar die Frage, in welch größerem Zusammenhang diese Entwicklung steht oder ob sie »nur« einmündet in einen erneuten Kampf der Kirche gegen den Fortschritt der Gesellschaft.

Aber: Konnte und kann diese Entwicklung nicht vielmehr eine Herausforderung sein zur wirklichen Erneuerung auch des Christentums? In Anerkennung der Tatsache, dass eine geschlossene Welt, ein soziologisch homogenes religiöses Milieu in einer modernen und vielfältigen Gesellschaft gar nicht möglich und vielleicht gar nicht wünschenswert ist?

Diese Fragestellung durchzieht eigentlich meine ganze persönliche Biografie und die sieben Jahrzehnte meiner Lebensspanne und wird auch nach mir nicht beendet sein. Ich nehme wahr, dass die Einsicht in der Kirche und in der Gesellschaft im Lauf der Zeit zunimmt, dass es keinen Rückschritt geben kann und darf in eine »geschlossene Welt«, weil eine solche Weltvorstellung mit der Idee der Freiheit letztlich unvereinbar ist.

Handelt es sich denn um ein Verschwinden der Religion oder um eine Transformation und Weiterentwicklung? Dieser in den Sozialwissenschaften diskutierten Frage nachzugehen, ist auch ein Anliegen dieses Buches. Insofern geht es im Ansatz auch um einen selbstkritischen (Rück-)Blick auf mein Leben und mein Wirken als Priester und Bischof in all den Jahrzenten. Habe ich doch nostalgisch festgehalten, an dem, was vergangen ist? Will ich bewahren, was war? Wie baue ich an dem, was kommt und sich erst in Zukunft entfalten wird? Manche Auffassungen, die ich als Seminarist und junger Priester noch für eindeutig und klar hielt, sehe ich nach Jahrzehnten heute anders.

Gewalt und sexueller Missbrauch in der Kirche

Das gilt fraglos und in besonderer Weise für die bittere Katastrophe von Gewalt und sexuellem Missbrauch durch Amtsträger der Kirche. Das Leid von Betroffenen erschüttert mich zutiefst und hat meinen Blick auf die Kirche verändert. Die Begegnungen und Gespräche mit ihnen, ihre Lebenswege und Schicksale verdeutlichen mir immer wieder neu, wie wichtig und unerlässlich es ist, dass wir alle Kraft und Anstrengung aufbringen, um uns den Ursachen und Folgen von Missbrauch entschieden zu stellen und diese zu bearbeiten. Alle Untersuchungen und Gutachten der letzten Jahre, nicht nur in Deutschland und anderen Ländern westlicher Prägung, zeigen schwere individuelle Schuld von Tätern, persönliches Versagen von Amtsträgern, administrative und organisatorische Fehler, und darüber hinaus auch ein institutionelles und systemisches Versagen der Kirche. Das stellt eine bleibende Anfrage an die gesamte Kirche und an die Theologie, auch wenn manche das immer noch nicht anerkennen wollen. Viele Fragestellungen, die in der Aufarbeitung des Missbrauchs gründen, hat der Synodale Weg der Kirche in Deutschland vorangebracht und wichtige Impulse auch für die Weltkirche gesetzt. Die Diskussionen der letzten Jahre haben mein Kirchenbild und meine Sicht auf das Amt in der Kirche, auf Kleriker und Laien, auf Machtstrukturen und klerikalistische Fehlentwicklungen und auch auf die Frage nach einer zeitgemäßen und menschendienlichen Verkündigung des Evangeliums verändert und geschärft.

So wie das Amt theologisch verstanden wird, stehe ich gerade als Bischof auch für die Institution Kirche als Ganze. Und deshalb habe ich 2021 Papst Franziskus meinen Verzicht auf das Amt als Erzbischof von München und Freising angeboten, um ein persönliches und amtskirchliches Zeichen für einen neuen Aufbruch der Kirche zu setzen. Denn nicht das Amt steht im Vordergrund, sondern das Evangelium. Nicht die Kirche, sondern der Mensch. Das empfand und empfinde ich als Teil meiner Hirtensorge. Papst Franziskus hat meinen Amtsverzicht nicht akzeptiert, und ich habe das als Herausforderung angenommen, mich noch stärker einer synodalen Kirche zu verpflichten und gemeinsam mit anderen Wege der Erneuerung zu beschreiten, nicht nur in unserer Erzdiözese München und Freising. Auch das Nachdenken über die Bedeutung des Kultes für ein gelebtes Christentum, das sich dem Menschen zuwendet, gehört mit dazu.

Ich will noch einmal sagen, dass ich bereit bin, meine persönliche Verantwortung zu tragen als einer, der seit fast 30 Jahren Bischof ist, und ebenso die institutionelle Verantwortung. Vor allem geht es mir darum, dass von Missbrauch und Gewalt betroffene Menschen eine Perspektive eintragen, an der wir nicht mehr vorbeisehen wollen, und die unser Kirchesein mitprägt.

Auch die Stiftung »Spes et Salus« (»Hoffnung und Heil«) habe ich – in Ergänzung zum kirchlichen Angebot von Prävention und Aufarbeitung – gegründet, um vor allem Heilungsprozesse Betroffener zu ermöglichen und sie auf ihren Wegen der Selbstermächtigung zu unterstützen. Wir haben als Kirche dazu beigetragen, dass Menschen nicht mehr vertrauen können, und ihren Glauben, ihre Hoffnung und ihre Liebe verlieren. Das dürfen wir nie wieder zulassen, und dafür stehe ich auch persönlich ein und möchte mich weiter in diesem Sinn engagieren.

Mit diesem Wissen will ich den Blick auch auf die Zukunftsperspektive für den christlichen Glauben und für die Kirche richten. Wenn man sich darüber bewusst wird, dass Kirche etwas zur Zukunft unseres Landes und Europas beizutragen hat, entstehen auch neu Motivation und Energie, sich für die Präsenz von lebendiger Kirche vor Ort einzusetzen.

Leben ohne Religion?

Vielleicht braucht es einen Blick zurück in die Menschheitsgeschichte, um nicht vorschnell unsere Epoche als die einzig entscheidende anzusehen. Seit wir vom homo sapiens sprechen, also seit etwa 80 000 v. Chr., entdecken wir auch Spuren, die auf Religion hinweisen. Man könnte sagen, Mensch sein und religiös sein sind von Anfang an koextensiv, spielen sich also im gleichen Bereich ab. In seinem faszinierenden Buch »Leben mit den Göttern« beschreibt Neil MacGregor das Verhältnis von Mensch und Religion von den Anfängen an. Im ersten Kapitel beschreibt er den sogenannten »Löwenmenschen«, der 1939 in der Stadel-Höhle in der Nähe von Ulm gefunden wurde. Dieser »Löwenmensch« aus Mammut-Elfenbein ist um die 40 000 Jahre alt und gehört zu den faszinierendsten Funden gegen Ende der letzten Eiszeit. Neil MacGregor kommt zu folgenden Überlegungen, die ich gut teilen kann: »Wir werden nie mit Sicherheit wissen, was der Löwenmensch für diese Menschen am Rande des Überlebens bedeutete, die so viele Stunden dafür opferten, ihn zu erschaffen. Aber wir wissen, dass sie über Verstand verfügten und zu komplexen Dingen in der Lage waren, weshalb es nicht unmöglich ist, sich vorzustellen, was sie taten und dachten. Wie alles, was mit der Vorgeschichte zu tun hat, muss vieles spekulativ bleiben und modifiziert werden, sobald neue Belege auftauchen. Die bislang einleuchtendste Hypothese lautet, dass die Menschen mit dem Löwenmenschen ein großes Kunstwerk produzierten, dass sie eine Erzählung schufen, welche die natürliche und die übernatürliche Welt miteinander verband, und dass sie dieses Narrativ in einer größeren Gemeinschaft zeremoniell inszenierten. Das ist etwas, was alle menschlichen Gesellschaften taten: nach Mustern zu suchen und dann Geschichten und Rituale darüber zu kreieren, die uns – uns allen – unsere Stellung im Kosmos zuweisen. Man könnte sagen: Wenn eine Gruppe sich darüber verständigt, wie sich die einzelnen Teile dieses großen Puzzles zusammenfügen, haben wir eine Gemeinschaft; *Homo sapiens* ist auch ein *Homo religiosus*, der nicht nur nach der eigenen, sondern nach unser aller Stellung im Kosmos sucht und bei dem Glauben eng mit Zugehörigkeit verbunden ist.«[8]

Insofern ist die Frage berechtigt, was es bedeuten könnte, wenn Religion und die Realität religiöser Erfahrung aus der menschlichen Welt verschwänden. Das ist eine entscheidende Frage! Ist es überhaupt vorstellbar, dass es menschliches Leben und Kultur gibt ohne Religion? Durch die Religionskritik der Moderne wurde diese Frage erst virulent: Der Gedanke, dass Religion eine Erfindung des Menschen ist, eine Autosuggestion, dass es die Götter nicht gibt, kommt neu auf. Jürgen Habermas hat das in seinem zweibändigen Werk »Auch eine Geschichte der Philosophie« beeindruckend entfaltet. Der letzte große Schub der Religionsgeschichte beginnt für ihn mit der sogenannten »Achsenzeit«, ein Begriff, den man mit

Karl Jaspers verbindet, und der die Entwicklung der Religionen zu einer umfassenden Weltanschauung beschreibt. Habermas stellt das wie folgt dar: »Der Name ›Achsenzeit‹ rührt daher, dass sich Karl Jaspers das Jahr 500 v. Chr. als die ›Achse‹ vorgestellt hat, um die sich die Rotation der Weltgeschichte gleichsam beschleunigt, weil sich während der vergleichsweise kurzen Periode zwischen ungefähr 800 und 200 v. Chr. in frühen eurasischen Hochkulturen unabhängig voneinander ähnliche Revolutionen in der Mentalität von Eliten ereignet haben. Daraus sind die ›starken‹ bis heute nachwirkenden religiösen Lehren und metaphysischen Weltbilder hervorgegangen. Damals entsteht aus den mythischen Erzählungen und rituellen Praktiken so etwas wie ›Religion‹ im Sinne einer ›gestifteten‹, also in ihren historischen Ursprüngen identifizierbaren Lehre. Religionen nehmen die Gestalt von schriftlich kanonisierten Lehren an, die ganze Zivilisationen prägen.«[9]

Im Anschluss daran frage ich mich: Kann man sich Europa vorstellen ohne die großen Erzählungen der Bibel? Ist die Zivilisation unseres Kontinents denkbar ohne diese Prägekraft, ohne die biblischen Traditionen von Judentum und Christentum? Oder etwas radikaler gefragt und auf das Christentum fokussiert: Was bleibt vom sogenannten »Westen«, wenn man negieren wollte, dass das Christentum diesen Kulturraum entscheidend mitgeprägt hat, wenn also der Bezugspunkt Christentum wegfällt? Ist nicht die biblische Überlieferung ein Begründungsmoment der modernen Welt und der Freiheitsgeschichte? Erübrigt sich in der großen Erzählung der Moderne der Glaube an einen Gott? War der biblische Glaube nur ein Teilstück des Weges hin zur umfassenden Befreiung des Menschen, welches die Moderne hinter sich gelassen hat? Die Frage stellt sich immer wieder neu, ob der bewusste Ausschluss eines religiösen, auf das Geheimnis Gottes hin offenen Glaubens sowohl persönlich wie auch gesellschaftlich eine Verarmung sein könnte, eine Verkürzung der Möglichkeiten und Fähigkeiten, die dem Leben aber dienlich sein könnten.

Gehen wir noch einmal zu Jürgen Habermas' »Auch eine Geschichte der Philosophie«: Denn so sehr er an der großen Erzählung der Moderne festhält, so sehr bleiben auch für ihn Fragen, die er im überraschenden Schluss der beiden Bände stellt. Habermas nimmt Bezug auf Theodor W. Adornos (1903–1969) Annahme, dass theologische Aussagen nicht einfach fortbestehen, sondern sich ihre Bedeutung und ihr Ort in der denkerischen Auseinandersetzung auch ins Säkulare und Profane verschieben können. Das habe Habermas bewogen, das Eingehen theologischer Inhalte in das profane Denken als »Lernprozess« darzustellen und daraus auch eine Ermutigung »zum Gebrauch unserer vernünftigen Freiheit« zu ziehen. Gleichwohl erkennt Habermas ein Risiko für die vernunftbegabte Freiheit, wenn sich das Denken nur zwischen den Polen »egozentrische(s) Selbstvertrauen« und »fatalistische(s) oder blauäugige(s) Systemvertrauen« bewege: »Adorno wusste, dass die Moderne entgleist, wenn die weltentwerfende Spontaneität der Vernunft zu einer ›Transzendenz von innen‹ versiegt. (…) Die säkulare Moderne hat sich aus guten Gründen vom Transzendenten abgewendet, aber die Vernunft würde mit dem Verschwinden jeden Gedankens, der das in der Welt Seiende im Ganzen transzendiert, selber verkümmern. Die Abwehr dieser Entropie ist ein Punkt der Berührung des nachmetaphysischen Denkens mit dem religiösen Bewusstsein, solange sich dieses in der liturgischen Praxis einer Gemeinde von Gläubigen verkörpert. Der Ritus beansprucht, die Verbindung mit einer aus der Transzendenz in die Welt einbrechenden Macht herzustellen. Solange sich die religiöse Erfahrung noch auf diese Praxis der Vergegenwärtigung einer starken Transzendenz stützen kann, bleibt sie ein Pfahl im Fleisch einer Moderne, die dem Sog zu einem transzendenzlosen Sein nachgibt – und so lange hält sie auch für die säkulare Vernunft die Frage offen, ob es unabgegoltene semantische Gehalte gibt, die noch einer Übersetzung ›ins Profane‹ harren.«[10]

Es hat mich überrascht, wie stark Habermas die Bedeutung des Ritus betont, was ich umfassender als Kult beschreibe. Bei aller Rationalität der Moderne und bei allem Festhalten am nachmetaphysischen Denken bleiben nicht-auflösbare Geheimnisse, offene Fragen und Möglichkeiten des Denkens und Sprechens, die nicht einfach und sämtlich ins Säkulare übersetzbar und somit ersetzbar sind. Ob diese Wirklichkeit und Sprache des Kultes (in Form von Gottesdienst und Gebet) einen christlichen Charakter haben, ist dabei natürlich offen.

In seinem Buch »Den Himmel zum Sprechen bringen« sieht Peter Sloterdijk das Christentum eher als Auslaufmodell, als musealen Erinnerungsort von Kindheitsgefühlen, vielleicht noch mit einem gewissen ästhetischen Reiz. Was Religion seit der sogenannten »Achsenzeit« einmal gewesen sei, nämlich nicht nur Weltdeutung, sondern auch Praxis und ganzheitliche Prägung individueller Biografien und gesamter Kulturen, habe sich durch die wissenschaftliche und gesellschaftliche Entwicklung erübrigt. Ein Restbestand mag übrig bleiben, aber prägend für Gesellschaft und Kultur und für das Leben der Menschen insgesamt, versehen mit einer inhaltlichen und politischen Ausrichtung, sei Religion nicht mehr. Sloterdijk folgert in seinem Schlusskapitel zur Religionsfreiheit, das er unter die Überschrift »Unter hohen Himmeln« stellt, also auch: »Nach der Subtraktion des Ersetzbaren zeigt sich, worin das Religiöse nicht zu ersetzen ist, es sei denn durch schöpferische Kunst und besinnendes Denken. Das subtraktiv dargestellte Religiöse weist mit den Profilen der historischen Religionen fast keinerlei Ähnlichkeiten mehr auf – was nicht verwundern sollte, sobald man die Versklavung des gesamten älteren Religionswesens durch Zuständigkeit für alle Aspekte des sozialen Lebens vor der Ausdifferenzierung der Teilbereiche mitbedenkt. Was von den historischen Religionen bleibt, sind Schriften, Gesten, Klangwelten, die noch den einzelnen unserer Tage gelegentlich helfen, sich mit aufgehobenen Formeln auf die Verlegenheit ihres einzigartigen Daseins zu beziehen. Das übrige ist Anhänglichkeit, begleitet vom Verlangen nach Teilhabe.«[11]

Übersetzt in Zahlen

Was ich festhalten will, im Blick auf diese verschiedenen Perspektiven, ist: Solche Restbestände oder auch rein philosophische, soziologische, psychologische Erkenntnisse zu Religion lassen noch keine lebendigen Glaubensgemeinschaften entstehen, formen und fördern noch keine institutionalisierte Religion.

Der nüchterne Blick auf Daten, Zahlen, Statistiken, wie sie auch für den Bereich der Deutschen Bischofskonferenz erhoben und veröffentlicht werden, belegt ja, was wir im Grunde seit der beginnenden Moderne, also seit rund 200 Jahren, beobachten können: Die religiöse Praxis der Menschen verändert sich stetig. Zwar sind es immer noch viele Millionen Menschen auch in unserem Land, die sich als Christinnen und Christen bezeichnen, aber die rückläufige Tendenz ist völlig unverkennbar und beschleunigt sich in den letzten Jahren weiter. Auch die Befassung mit der 6. Kirchenmitgliedschaftsuntersuchung (KMU) der Evangelischen Kirche in Deutschland, die zum ersten Mal unter Beteiligung der Deutschen Bischofskonferenz durchgeführt wurde, trägt weitere Aspekte in die Diskussion ein, ob und wie die alte Säkularisierungsthese weiterhin gilt. Eines der zentralen Ergebnisse ist, dass nicht nur die Kirchenbindung deutlich zurückgeht, sondern auch Religiosität. Das ist ein Befund, der inmitten aller anderen Ergebnisse besonders schmerzhaft ist. Zugleich stellt die KMU fest, dass die Kirchen weiterhin eine wichtige zivilgesellschaftliche Rolle haben und Demokratie stärken: »Der Beitrag der Kirchen zur Aktivierung und Stabilisierung der Zivilgesellschaft und zur gesellschaftlichen Integration ist erheblich. Das ist kirchenpolitisch bedeutsam. Die Zivilgesellschaft profitiert in hohem Maße davon, wenn kirchliche und nicht-kirchliche Stellen (z. B. auch staatliche) gut zusammenarbeiten. Umgekehrt hängt auch für die Kirchen dieser Erfolg maßgeblich von [sic!] einer guten Vernetzung mit der Zivilgesellschaft zusammen, die deshalb zu erhalten und auszubauen ist.«[12]

Das hohe ehrenamtliche Engagement kirchlich-religiöser Menschen erhöht den Netzwerk-Faktor der Kirchen deutlich. Das muss auch in den innerkirchlichen Debatten endlich dazu beitragen, dass wir unser Bild von Kirchesein entsprechend modifizieren und unsere Wirkkraft selbst neu sehen. Auch wenn das Hauptmotiv etwa für ehrenamtliches Engagement nicht zuerst der Glaube ist, sondern die Gemeinschaft, ist die Ressource dafür aber doch im biblischen Verständnis vom Menschen als Individuum und zugleich Gemeinschaftswesen zu finden. Und das trägt eben weiter als zu kurz greifender Dogmatismus und Regelungsbestrebungen kirchlicher Hierarchie, die die Anschlussfähigkeit an das Leben der Gläubigen hintanstellen. Letztlich bildet sich in diesem Befund der KMU doch auch die profunde pastorale Überzeugung ab, dass der Glaube auf zwei Beinen daherkommt und Zugehörigkeit zu einer stärkenden Gemeinschaft ist, deren Ressource das kultische Fest ist.

Wohin führt die Entwicklung?

Säkularisierung muss nicht zwangsläufig das Ende der Religion und ihrer Inhalte einläuten, sondern markiert zunächst einmal »nur« die Entwicklung und Veränderung der Religion, möglicherweise ihrer inhaltlichen Präsentation, ihrer Formen und ihrer gesellschaftlichen Stellung. Ich meine jedenfalls, dass Religiosität zu den Grundmerkmalen des Menschseins gehört: Der Mensch ist ein homo religiosus. Im Anschluss an die KMU wird darüber debattiert, ob diese These noch haltbar sei und ob Menschen nicht vielleicht gut ohne jeden religiösen Bezug leben können.[13] Wenn man sich die demographische Situation genau anschaut, etwa die Daten zu Kirchenaustritten oder zur Frage der religiösen Praxis, des Gebetes und Gottesdienstes, dann wird eine Tendenz zum nicht-religiös-Sein deutlich. Es geht also darum, ob »nur« die Kirchenbindung abnimmt oder auch die Offenheit für einen Gottesglauben bzw. für Transzendenz. Und das ist eine Anfrage an die Kirche, aber auch an alle anderen Religionsgemeinschaften, die uns sehr umtreiben muss. Sicher ist, dass ohne Kirchen als Institutionen die öffentliche Sichtbarkeit des Glaubens verschwindet und auch im persönlichen Leben an Bedeutung verliert.

Erleben wir also einen »Nachmittag des Christentums«, wie es Tomáš Halík[14] im Titel seines Buches formuliert hat, den Übergang zum Abend und zur Nacht, nach der ein neuer Tag anbricht? Eine wirkliche Zeitenwende? Kann es eine Renaissance des Christentums in unserem Land geben? Oder nehmen wir es einfach hin, dass die Auszehrung voranschreitet, etwa als Entwicklung hin zu einer eher fundamentalistischen Sekte oder einer zivilreligiös-dekorativen Religion, die noch bestimmte Kulturelemente wachhält? Oder alternativ als Dynamik hin zu einer erneuten politischen Instrumentalisierung des Christentums und der anderen Religionen, wie es ja leider in vielen Bereichen der Welt zurzeit beobachtbar ist? Degeneriert das Christentum unaufhaltsam zu einer kulturell marginalen Erscheinung, zur soziokulturellen Endmoräne? Oder kann es doch wieder neu zu einer Gesellschaft und Kultur mitgestaltenden oder wenigstens mitprägenden Kraft werden, auf die wir als Zivilgesellschaft nicht verzichten wollen? Sicherlich hängt die Antwort nicht allein von der Anzahl der Menschen ab, die einer Religion angehören, sondern von der Überzeugungskraft, von der Wirkmacht der Zeichen, von der Bereitschaft, sich dem zeitgenössischen Denken konstruktiv-kritisch zu stellen und die Kraftquellen des Glaubens aus dieser Zeitgenossenschaft heraus so zu erschließen, dass sie die Menschen von heute erreichen und zusammenführen können. Und letztlich geht es auch um die Frage: Ist das alles nur ein Problem des sogenannten »Westens«, der seinen kulturellen Zenit überschritten haben soll? Sollte die Kirche also besser ihre Zukunft in anderen Kulturen suchen? Das käme mir vor wie eine Flucht, ja eine Kapitulation vor den Herausforderungen. Deswegen antworte ich auf die These, dass die Zukunft der Kirche in Deutschland eigentlich in anderen Kontinenten liege: Nein, die Zukunft der Kirche in Deutschland liegt in Deutschland!

3
Also: Wie steht es um die Kirche heute?

Auch wenn ich hier keinen umfassenden Blick auf die weltweite Lage der Kirche werfen kann, so will ich doch einige Punkte nennen, um die globale Herausforderung zur Ortsbestimmung der Kirche in der Gesellschaft und ebenso die Notwendigkeit eines sichtbaren Christentums zu verdeutlichen. Papst Franziskus strebt mit dem 2021 eingeleiteten weltweiten synodalen Prozess an, die ganze Kirche auf einen gemeinsamen Weg zu bringen in aller Vielfalt der Sprachen, Kulturen und Traditionen. Ist das überhaupt möglich und zielführend umsetzbar? Unabhängig von einzelnen Kritikpunkten an diesem weltweiten Prozess bin ich tatsächlich überzeugt, dass wir hinter diese Erfahrung synodaler Kirche nicht mehr zurückfallen können. Synodalität entsteht auch im gemeinsamen Weg! Was wäre die Alternative?

Vor über 40 Jahren habe ich im Sozialinstitut »Kommende« in Dortmund, in dem ich lange gearbeitet habe, ein Gespräch mit einem Soziologen geführt, für den evident schien, dass eine weltweit einheitliche Gemeinschaft etwa in Glaubensfragen, moralischen Themen oder kulturellen Positionierungen von New York bis Singapur, von München bis Kinshasa, von Sydney bis Quito kaum vorstellbar sei. Ich habe damals dagegengehalten, dass die katholische Kirche daran festhält, dass es diese Einheit gibt, trotz aller Verschiedenheiten. Mittlerweile sind meine Zweifel allerdings etwas größer geworden. Es wäre ja zunächst zu klären, was man unter Einheit und Vielfalt versteht und wie der Glaubenssinn des

Volkes Gottes wirksam einbezogen werden kann. Oder will man sich damit zufriedengeben, dass Gläubige zwar im Gottesdienst das Credo sprechen, es ihnen ansonsten jedoch selbst überlassen bleibt, was sie sich unter Dreifaltigkeit, Eucharistie, Auferstehung etc. vorstellen? Noch deutlicher wird die Spannung von Einheit und Vielfalt, wenn wir uns auf Fragen der Sexualmoral oder auf verschiedene Gesellschaftsmodelle beziehen. Recht schnell wird dann Kritik laut – auch im weltweiten synodalen Prozess und von der römischen Kurie –, dass die Kirche in Europa bzw. im sogenannten »Westen« durch ihr Eintreten für eine offene liberale Gesellschaft, für Demokratie und für die Priorität der Selbstbestimmung des Individuums einen Weg eingeschlagen habe, der weltkirchlich längst nicht von allen in gleicher Weise akzeptiert werde. Der Weg der westlichen Moderne wird als partikular und nicht universell markiert. Das ist uns in den letzten Jahren immer wieder deutlich gesagt geworden. Aber stimmt das so?

Keine Kirche ohne Kontext

Durch Erkenntnisse der Sozialwissenschaften ist mir früh klar geworden, wie stark das Selbstbild, sozusagen das Idealbild der Kirche in der systematischen Theologie, im Kontrast steht zur empirisch fassbaren Realität gelebten Glaubens, und zwar zu allen Zeiten. Die Vorstellung von Kirche als einer »perfekten Gesellschaft« (societas perfecta), die bis heute in manchen Köpfen festsitzt, ist eine Behauptung ohne faktische Begründbarkeit. Es gibt die Kirche nie ohne einen konkreten soziokulturellen Kontext. Die sichtbare institutionalisierte Kirche ist zunächst einmal eine Gesellschaft von Menschen, die in ihrer Lebensweise und Organisationsform, ihrer Praxis und ihrem Wirken sozialwissenschaftlich untersucht werden kann. Die Diskrepanz von

Selbstbild und Realität kann sich darin ebenso zeigen wie die vielfältigen Prägungen durch die Gesellschaft und die jeweiligen sozialen Gegebenheiten. Es ist das Verdienst von Franz-Xaver Kaufmann (1932–2024), die sozialwissenschaftliche Perspektive markant in den kirchlichen und theologischen Diskurs eingetragen zu haben. Ausgehend von Ambivalenzen in der Verhältnisbestimmung von Kirche und Moderne könnte man nach Kaufmann sagen: Die Kirche wollte zu allem und jedem ein Urteil fällen und hat sich damit normativ überhoben. »Dabei würde es der Glaubwürdigkeit dienen, wenn kirchlicherseits die Überdehnung ihrer normativen Kompetenzen in der Vergangenheit eingestanden und in offener Auseinandersetzung mit den Einsichten und dem Ethos in der säkularen Gesellschaft nach selbst nur vorläufigen Maximen gesucht würde.«[15]

Diese Erkenntnislinie sollten wir weiter voranbringen, auch im interdisziplinären Dialog von Theologie und Sozialwissenschaften. Denn die Kirche kann nicht ohne ihre geschichtlichen und gesellschaftlichen Kontexte verstanden werden. Sie ist keine überweltliche und geschichtslose Institution.

Auch weil dies vielfach nicht wirklich akzeptiert wird, entstehen in der Kirche immer wieder Spannungen im Bemühen um die Einheit einer Weltkirche als globale Institution, die in wechselseitiger Prägung mit verschiedenen Kulturen steht. Ein konkretes Beispiel für diese innerkirchlichen Spannungen ist die Diskussion, die sich 2023 über die Erklärung »Fiducia supplicans« entwickelte, mit der sich das Dikasterium für die Glaubenslehre über die pastorale Handhabung von Segnungen für Paare, die für die katholische Kirche nicht als verheiratet gelten, geäußert hat. Die Diskussionen über diesen Text haben im ökumenischen Gespräch mit der Orthodoxie, aber gerade auch innerhalb der katholischen Kirche unterschiedliche Positionen in aller Schärfe deutlich werden lassen.

Wir müssen jedoch fragen, was die Einheit im Glaubensbekenntnis bedeuten kann, wenn gegen solche Dokumente Einspruch erhoben wird, während zugleich totalitäre Regime von führenden Kirchenoberen unterstützt werden. Für mich geht das jedenfalls nicht zusammen. Wie sollten ökumenische Gespräche über die Einheit aller Christen sinnvoll sein, wenn ein Partner, etwa die Russisch-Orthodoxe Kirche, einen Heiligen Krieg befördert, einen Heiligen Krieg auch gegen »den Westen« und die Moderne? Können solche Entwicklungen und Positionen im ökumenischen Dialog und auch in der innerkirchlichen Suche nach Einheit denn ausgeklammert werden, und man beschränkt sich auf Fragen zum Verständnis der Eucharistie oder der Dreifaltigkeit?

Was bedeutet es, wenn auch innerhalb der Kirche zahlenmäßig durchaus starke Gruppen mit autoritären Regimen liebäugeln und dem Rechtspopulismus Tür und Tor öffnen? In Deutschland haben wir eine große Bestärkung erfahren, als wir in der Deutschen Bischofskonferenz 2024 eindeutig festgestellt haben: »Völkischer Nationalismus ist mit dem christlichen Gottes- und Menschenbild unvereinbar.«[16] Diese Aussage gilt nicht nur für das Gemeinwesen in Deutschland oder Europa. Nein, wir sagen das auf biblischer Basis und überzeugt vom christlichen Menschen- und Gottesbild im Blick auf die ganze Welt. Der Vorsitzende der DBK, Bischof Georg Bätzing, hat das bei der Präsentation der Erklärung klar formuliert: »Der Volksbegriff des völkischen Nationalismus steht im Gegensatz zur auch im Grundgesetz verankerten Vorstellung des Volkes als Demos, d. h. als Gemeinschaft der Gleichberechtigten, die auf der Grundlage der Menschenrechte unsere Gesellschaft gemeinsam aufbauen. Wir stellen zudem heraus, dass rechtsextremistische Gesinnungen und Konzepte fundamental auf Ab- und Ausgrenzung ausgerichtet sind. Dabei wird die gleiche Würde aller Menschen entweder geleugnet oder relativiert. Ganz offenkundig steht diese Ideologie in scharfem Gegensatz zum christlichen Menschenbild, für das die Menschenwürde Ausgangs- und Zielpunkt darstellt.«[17]

Persönlich will ich ganz klar sagen, dass ich mit einer Reduktion des Christentums, die gesellschaftlich-politisch-soziale Fragen ausklammert, wenig anfangen kann. Denn dann wird Kult verstanden als Rückzug und Bastion, und das Dogma als Wahrheitsbesitz gegen das Denken »der Anderen«. Es geht dann nur noch um die Verteidigung lieb gewonnener Traditionen oder die Sicherung eigener Machtpositionen, aber nicht um die Freisetzung der ursprünglichen Kraft des Evangeliums, die sich nicht nur, aber eben besonders im christlichen Kult entfalten kann und zur Inspiration für das Handeln wird. Lex orandi – lex credendi, das heißt: Das Gesetz des Betens ist das Gesetz des Glaubens. Im kultischen Vollzug des Glaubens zeigt sich die Wahrheit!

Zukunft der Weltkirche

Doch schauen wir noch einmal auf das, was wir sehen und messen können. Die Mitgliedszahlen der katholischen Kirche wachsen weltweit noch leicht auf allen Kontinenten, mit Ausnahme von Europa (so die Daten bis 2023). Das liegt teilweise auch in einem demographischen Wachstum begründet. Der Anteil der Katholiken an der Weltbevölkerung entwickelt sich insgesamt eher langsam rückläufig. Auch ein Mitgliederwachstum der katholischen Kirche durch Konversionen ist nicht zu belegen. Zugleich muss die Kirche konstruktiv damit umgehen, dass insbesondere auf dem afrikanischen und gesamtamerikanischen Kontinent eine Vielfalt neuer religiöser Bewegungen zu verzeichnen ist, insbesondere im Bereich der evangelikalen Bewegungen, der Pfingstkirchen und der charismatischen Gruppen. Die Ausdifferenzierung dieses Feldes ist ebenso vielfältig wie die Beweggründe der Menschen, sich einzelnen religiösen Bewegungen anzuschließen.

In den Ländern, die zum sogenannten »Westen« gehören, ist eher ein Rückgang der religiösen Praxis insgesamt zu erkennen, der sich in den letzten Jahren deutlich beschleunigt. Das gilt auch für die USA und für Italien, wo diese Entwicklung vor Jahrzehnten vielleicht noch nicht so deutlich zu erkennen war wie in anderen westlichen Ländern. Auch stark katholisch geprägte Länder wie etwa Polen und Spanien erleben deutlichere Säkularisierungsschübe, die auch zu großen Abbrüchen in der religiösen Tradition und Kirchenbindung führen. Schon diese wenigen Schlaglichter lassen die gesamte Dynamik erahnen, die auch weltweit gesehen insgesamt auf Veränderung steht. Die Reaktionen auf diese Entwicklungen sind zumeist – soweit ich sehe – geprägt von Abwehr, Abschottung und Schuldzuschreibungen an die moderne Welt und ihre Gottvergessenheit. Kaum kommt der Gedanke auf – jedenfalls kirchenoffiziell –, dass Lehre, Erscheinungsbild und Handeln der Kirche selbst ein Problem sein könnten.

Es mag ja sein, dass in einer offenen Gesellschaft, die geprägt ist von der freiheitlichen Verantwortung des Einzelnen für sein Leben und von der Betonung von Subjektivität und Individualität, in der ein schwaches »kulturelles Dach« über der Gesellschaft insgesamt errichtet werden kann, auch die Zugehörigkeit zur sichtbaren Glaubensgemeinschaft Kirche immer weiter schwindet. Der Weg in die Wiederherstellung alter Verhältnisse, die idealisiert und damit verkürzt dargestellt werden, ist jedenfalls versperrt und führt in restaurative Ideologien, die weder kirchlich noch gesellschaftlich Zukunft eröffnen. Auch der Blick auf unterschiedliche Konzepte zur »Neu-Evangelisierung«, wie sie in den letzten Jahrzehnten auch von den Päpsten immer wieder angestoßen wurden, ist eher ernüchternd. Dass diese eine wirkliche Trendwende und einen großen Teil der katholischen Gläubigen erfasst hätten, kann ich nicht erkennen. Andrea Riccardi zeigt auf, dass die Bemühungen durchaus zeitgemäß sind, so wie bei Papst Franziskus: »(...) er hat einen ganz eigenständigen Denk- und Lehransatz vorgelegt: eine Kirche in der Geschichte, die sich der Geschichte aber nicht anpasst. Dadurch, dass Franziskus das Evangelium weiterhin verkündete, ohne die Armut der Kirche zu verhehlen (die moralische oder strukturelle Armut, aber auch die Armut an Visionen und an Leidenschaft), hat er Perspektiven für ein Christentum in der globalen Geschichte geöffnet.«[18]

Manche (kirchliche) Zeitgenossen machen sich die Analyse leicht, indem sie die Entwicklung zur modernen und offenen Gesellschaft insgesamt als Irrweg deuten, der den Menschen den Weg zu Gott vermeintlich erschwere. Das ist ein Rückzug auf die altbekannte Position, dass die Menschen Gott vergessen und die Kirche verlassen haben, und somit die Schuldzuschreibung klar ist: Die »Schuld« liegt auf deren Seite, jedenfalls nicht auf der Seite der Verantwortlichen in der Kirche. Daraus kann man dann ein recht schillerndes Bild von Evangelisierung ableiten, das doch eher dem Konzept einer »reconquista«, einer »Rückeroberung« entspricht. Das steht im Widerspruch zu dem universalen und zugleich differenzierten Ansatz, den Papst Paul VI. in seinem Apostolischen Schreiben »Evangelii nuntiandi« (EN) schon 1975 im Sinn des Zweiten Vatikanischen Konzils ausgearbeitet hat, indem er Bedeutung und Herausforderung der Evangelisierung verdeutlicht. Es mag auch entlastend sein für die heutzutage manchmal recht angestrengten Bemühungen, dass die Frage nach der Evangelisierung keine Neuentdeckung unserer Dekade ist, sondern die Kirche seit ihren Anfängen beschäftigt. Das Zweite Vatikanische Konzil hat mit der Anerkennung der Religionsfreiheit in »Dignitatis humanae« und der neuen Verhältnisbestimmung zu den nichtchristlichen Religionen in »Nostra aetate« neue Wegmarken gesetzt, ebenso mit »Gaudium et spes« und »Ad gentes«. Ganz auf dieser Linie sagte Papst Franziskus schon in seiner Rede vor dem Konklave 2013: »Wenn die Kirche nicht aus sich selbst herausgeht, um das Evangelium zu verkünden, kreist sie um sich selbst. Dann wird sie krank (…) Die Übel, die sich im Laufe der Zeit in den kirchlichen Institutionen entwickeln, haben ihre Wurzel in dieser Selbstbezogenheit.«[19]

Die Kirche soll an die Ränder gehen – diese Aufforderung von Papst Franziskus kennen wir alle. Evangelisierung ist zentral für die Kirche und permanente Aufgabe aller Gläubigen. Ziel der Evangelisierung ist es, das Reich Gottes in der Welt gegenwärtig zu machen (vgl. EG 176) und die einzelnen Menschen mit ihrem Leben in den Blick zu nehmen, wie schon Johannes Paul II. programmatisch festhielt: Der Mensch ist der Weg der Kirche. (vgl. RH 14)

In der Perspektive einer »reconquista« muss die Freiheitsgeschichte diesem offenen, welt- und menschenzugewandten Ansatz gegenüber eher als Unglück denn als Fortschritt erscheinen, und die Philosophie der Aufklärung, einschließlich Immanuel Kant, wird folglich als »philosophischer Betriebsunfall« marginalisiert. Vielleicht erscheint das manchen zu hart formuliert, aber ich erlebe es leider immer wieder in weltkirchlichen Diskussionen mit Bischöfen, dass sie eher der »reconquista«-Idee anhängen und eine mediale Aufrüstung als Lösungsweg ansehen. Doch darum geht es ja gerade nicht, sondern darum, das Evangelium neu zu lesen im Horizont der Gegenwart. Es geht darum, zu verstehen und um kritische Zeitgenossenschaft! Es geht nicht nur um ein Defizit in der Vermittlung.

Im Grunde geht es um das Programm von Johannes XXIII. und des Zweiten Vatikanischen Konzils, das aber noch immer nicht wirklich und wirksam systematisch aufgegriffen wurde: »die Pflicht, nach den Zeichen der Zeit zu forschen und sie im Licht des Evangeliums zu deuten« (GS 4). Bis heute ist diese Aufgabe nicht überall und immer im Kernauftrag von Kirche verankert, denn sie müsste auch implizieren, in kritisch-realistischer Weise Ansätze, Methoden und Erkenntnisse etwa der Sozialwissenschaften, der Philosophie und Psychologie in die theologische Urteilsbildung einzuführen. Ich kann das bisher nur in Ansätzen erkennen, und sehe eher – so empfinde ich es jedenfalls – einen Rückzug in selbstreferenzielles Denken und ein Festhalten an Vergangenem. Papst Franziskus hat manches in Bewegung gebracht, doch die Beharrungskräfte sind sehr stark, und um einer vordergründig behaupteten Einheit der Kirche willen werden manche Entwicklungen und Erkenntnisse einfach übergangen oder nicht zu Ende gedacht. Ich hoffe, dass der von Papst Franziskus mit so viel Engagement initiierte weltweite synodale Weg der Kirche die Perspektiven und Horizonte weitet!

Wie kann der Weg der Erneuerung der Kirche aussehen?

Vor 36 Jahren habe ich als Resümee meiner Doktorarbeit geschrieben: »Als Gemeinschaft von Zeugen für das Heil aller kann [die Kirche] nicht von sich aus den Weg zur Minderheit und Sekte anstreben, sie muss (…) allen Menschen, allen Zeiten und Völkern das Christusereignis nahezubringen versuchen. Dabei lernt sie selber und erkennt das Wirken des Geistes auch außerhalb ihrer sichtbaren Grenzen. (…) Über das scheinbare Scheitern der Moderne kirchlicherseits zu triumphieren, wäre voreilig, denn das Christentum gehört selbst zu den Konstitutionsbedingungen der modernen Welt und ist wiederum von ihr auch positiv geprägt. Die Kirche ist deshalb nicht einfach ›Gegenbild‹ zur Gesellschaft, aber doch ›korrigierendes Gegenüber‹. Eine solche Haltung ist auch das Ergebnis des Prozesses der Selbstvergewisserung durch das I. und II. Vaticanum, hinter den man kirchlicherseits nicht zurückkann. ›Kritik‹ und ›Anerkennung‹, ›Einheit‹ und ›Differenz‹ gehören immer in die Verhältnisbestimmung von Kirche und Welt hinein und müssen im Lauf der Geschichte je neu bestimmt werden.«[20]

Dieser Abschnitt beschreibt sehr gut meinen persönlichen Denk- und Glaubensweg in den letzten Jahrzehnten. Eines ist für mich ganz klar: Rückzug und Sekte sind keine Optionen für die Zukunft des Glaubens und der Kirche! Das wäre Verrat am Auftrag Jesu.

Auf Johannes XXIII. geht eine prägnante Formulierung zurück: »Es ist nicht das Evangelium, das sich ändert. Wir sind es, die beginnen, es besser zu verstehen.«[21] Strukturveränderungen und Erneuerungen etwa im Blick auf die Beteiligung aller Gläubigen, besonders der Frauen, am Leben und der Leitung der Kirche, können die Herausforderung, das Evangelium auch in unserer Zeit neu zu verkünden, noch nicht erschöpfend lösen. Zweifellos sind das absolut notwendige, wenngleich noch nicht hinreichende Reformen, wie sie in den letzten Jahren vor allem im Synodalen Weg der katholischen Kirche in Deutschland debattiert und auch teilweise vereinbart wurden, soweit sie die Kirche in Deutschland entscheiden kann.

Dass dieser Lernweg notwendig war und ist, hat gerade die Enthüllung der großen Zahl von Missbrauchsfällen in Deutschland und weltweit gezeigt. Die Tatsache, dass die Kirche für viele Kinder und Jugendliche ein Ort des Unheils geworden ist, muss zu einer Neuorientierung führen. Die menschliche, institutionelle und theologische Aufarbeitung von sexuellem Missbrauch, aber auch von geistlichem Missbrauch und Missbrauch der Macht, ist noch lange nicht zu Ende. Deshalb war es wichtig, einen gemeinsamen Weg mit dem Zentralkomitee der deutschen Katholiken zu gehen, um deutlich zu machen, dass die Kirche insgesamt aufgerufen ist, aus dieser erschreckenden Wirklichkeit zu lernen und deutlich auch die systemischen Ursachen zu erkennen. Mir scheint, dass das weltkirchlich noch nicht ausreichend erkannt wird. Wir werden einen Weg der Erneuerung der Kirche nicht gehen können, ohne uns immer wieder dieser schmerzhaften Erfahrung zu stellen und sie als Ausgangspunkt unseres beständigen Lernens zu nehmen. Immer wieder wurde und wird versucht, diese systemischen Zusammenhänge zu leugnen oder zu übergehen, aber das ist falsch. Das ist meine tiefe Überzeugung. Und bei aller Kritik, die man sicher auch an den Synodalen Weg anlegen kann, war und ist das der aus meiner Sicht notwendige Schritt, um die Wahrnehmung sexuellen Missbrauchs im Raum der Kirche überhaupt zu einem Wendepunkt machen zu können. Der theologische Orientierungstext des Synodalen Weges bringt das zum Ausdruck: »In der Kraft Gottes weiß sich die Kirche herausgefordert, den systemischen Missbrauch geistlicher Macht nicht zu verdrängen, sondern zu bekämpfen, die Ressourcen des Glaubens nicht zu verschleudern, sondern nachhaltig zu nutzen. Ohne den Beistand Gottes ist die Kirche verloren. Sie muss sich ihrer Geschichte stellen und der Zukunft öffnen. Sie braucht neue Impulse, um die Frohe Botschaft neu zu entdecken. Sie braucht neue Kräfte und Bündnisse, die ihr helfen, praktische Konsequenzen zu ziehen.«[22]

Schuldbekenntnisse, wie es sie auch auf Ebene der Deutschen Bischofskonferenz etwa 2011 und während des Synodalen Weges gab, ebenso auch auf weltkirchlicher Ebene, sind notwendig und unerlässlich. Aber die Umkehr muss sich auch in konkreten institutionellen Veränderungen zeigen. Wir dürfen den Fragen, die im Synodalen Weg aufgerufen wurden, nicht ausweichen oder sie auf die lange Bank schieben, wie es teilweise versucht wird. Als Kirche haben wir keine Zukunft, wenn wir uns nicht wirklich in Frage stellen lassen. Das bedroht letztlich die Zukunft des Christentums.

Die Wirkmacht des Evangeliums in unserer Zeit

Ich stelle folgende These in den Raum: Ohne neue Evangelisierung der Kirche selbst können wir das Evangelium nicht in die Zukunft bringen, und die Gefahr besteht, dass wir in alten Deutungsmustern hängenbleiben, die zwar immer wieder einige Menschen erreichen können, aber keine erneuerte, kraftvolle, attraktive und überzeugende Präsenz des Christentums ermöglichen. Wenn die Idee der Evangelisierung auf die Vermittlung einer (Glaubens-)Wahrheit reduziert wird, die ich als »klerikaler Wahrheits-Besitzer« bereits habe und die ich anderen nur noch »beibringen« muss, wird das Evangelium in einer freiheitlich geprägten Kultur nicht strahlen können.

Rückzug und Rückeroberung sind nicht das Programm Jesu! Ich möchte das Evangelium leben und gleichzeitig Ja sagen zur Freiheitsgeschichte der Menschen. Diese Freiheitsgeschichte hat mit dem Reich Gottes zu tun. Erst wenn wir lernen, dass diese Freiheitsgeschichte auch zur »Biographie des Heiligen Geistes« (Jörg Lauster) gehört, kann die Evangelisierung für die Kirche selbst unter Einbeziehung der jeweiligen Zeichen der Zeit und der lebendigen Tradition in die Zukunft weisen; das Wirken des Heiligen Geistes ist nicht auf die Kirche beschränkt, denn »ohne Maß gibt er den Geist« (Joh 3,34).

Eines möchte ich unterstreichen: Ich bin kein Pessimist, sondern fest überzeugt, dass das Christentum die Religion der Zukunft sein kann und die katholische Kirche ein Aushängeschild des christlichen Glaubens auf universaler Ebene. Aber das wird ein längerer Weg und erfordert von den Verantwortlichen in der Kirche gemeinsam mit den Gläubigen, das Evangelium in seiner ganzen Tiefe und Lebensdienlichkeit neu zu entdecken und zu leben, und die Träume nach der »heilen Vergangenheit« hinter sich zu lassen. Dann wird es nicht primär darum gehen, wie viele Mitglieder die Kirche zählt, sondern ob die Stimme des Christentums von allen Menschen als notwendig, unüberhörbar und bedeutsam empfunden wird. Die Kirche hat vom auferstandenen Christus den Auftrag angenommen, das Evangelium der ganzen Welt zu verkünden: »Geht hinaus in die ganze Welt und verkündet das Evangelium der ganzen Schöpfung!« (Mk 16,15) Das Christentum soll für alle Menschen eine gute und heilbringende Botschaft sein.

Das Institut für Demoskopie Allensbach, das regelmäßig die religiöse Orientierung der Deutschen untersucht, hat schon vor 25 Jahren bemerkt, dass die großen Kirchen in Deutschland zu sehr fixiert sind auf ihre zahlenmäßige Größe und die Anzahl ihrer Einrichtungen, dass aber eine Gemeinschaft nur dann Bedeutung habe und etwas bewirke, wenn sie überzeugt ist, für alle etwas Entscheidendes zu sagen zu haben, das zumindest von vielen in der Gesellschaft prinzipiell positiv anerkannt wird. Im Blick auf diese Untersuchungen hat Renate Köcher formuliert: »Die Kommunikationsstärke einer religiösen Gemeinschaft hängt in hohem Maße auch von dem Selbstbewusstsein ihrer Mitglieder ab. Das Selbstbewusstsein der großen Konfessionsgemeinschaften ist zu eng an die Entwicklung ihrer zahlenmäßigen Stärke gebunden.« Aber es kommt darauf an, »Selbstbewusstsein nicht aus zahlenmäßiger Stärke abzuleiten, sondern aus Inhalten, aus religiösen Überzeugungen. (...) Wenn in einer Glaubensgemeinschaft das Empfinden wächst, dass die Sprache ihrer Glaubensüberzeugungen nicht mehr mit der modernen Zeit kompatibel ist, so nährt dies auch Zweifel, wieweit die Botschaft für die moderne Zeit und die Zukunft bedeutsam und wertvoll ist. Die Aktualität und Modernität des Glaubens muss sich auch in Sprache ausdrücken.«[23]

Doch wie geht Selbst-Evangelisierung der Kirche? Und wie finden wir (zurück) zu einer Sprache des Glaubens, die in unserer Zeit anschlussfähig ist und doch ganz bei der Sache des Glaubens bleibt?

4
Was ist das: Christentum?

Was ist der Kern des christlichen Glaubens? Was ist das spezifisch Christliche? Kann man das Wort Religion überhaupt auf das Christentum anwenden? Nach 2000 Jahren Christentum und einer engen Verflechtung mit Kultur, Gesellschaft und Staat ist es vielleicht doch notwendig, aber auch schwierig, wieder den Ursprung freizulegen, ohne sich jedoch der Illusion hinzugeben, man könne Vergangenes wiederbeleben oder das »reine Christentum« rekonstruieren. Aber ohne diesen Blick auf das Ursprungsereignis hängt man womöglich in lieb gewordenen Spuren fest und es gelingt nur schwer oder gar nicht, zu erkennen und anzunehmen, dass wir uns, wie Papst Franziskus gelegentlich sagt, in einem epochalen Wandel befinden. Ich will versuchen, den Ursprung des christlichen Glaubens in drei Schritten zu fassen: Ereignis, Begegnung und Erinnerung.

Ereignis

Das alles entscheidende *Ereignis*, die Initialzündung, ist die Erfahrung mit Jesus von Nazareth, dessen öffentliches Reden und Handeln seine ersten Anhänger und Anhängerinnen bewundert haben; der den Machthabern zu gefährlich wurde; der zum Tode verurteilt und gekreuzigt wurde; der gestorben ist und begraben wurde; den seine Freunde betrauert haben und der auferstanden ist und lebt. Auch wenn die Ostergeschichten der vier Evangelien nicht kohärent von Leiden, Sterben und Auferstehen Jesu erzählen, ist gerade die Vielfalt dieser frühen Zeugnisse ein Hinweis auf die Herausgehobenheit und Wirkmacht dieses Ereignisses.

Begegnung

Ich will mich nicht in eine theologische Abhandlung zum Ostergeheimnis verlieren, sondern nur festhalten, dass in den Tagen und Wochen nach der Auferstehung Jesu (wir würden heute sagen »nach Ostern«) die Idee, dass Jesus wirklich lebt, nicht nur bei Einzelnen verfing, sondern dass die Erfahrung der *Begegnung* mit dem Auferstandenen von vielen Menschen bezeugt und miteinander geteilt wurde. Für die, die ihn verloren glaubten, erwies sich, dass dieser Jesus aus Nazareth mit seiner Botschaft und seiner Verkündigung vom Leben wirklich recht behält: Er zeigt einen neuen Zugang zur Wirklichkeit Gottes und bleibt auch nach seinem Tod gegenwärtig. Er ist da! Zu dieser Erfahrung der Begegnung kommt bei den Zusammenkünften der Gemeinschaft auch die Feier eines gemeinsamen Mahles in Erinnerung an Jesu letztes Mahl mit seinen Freunden. Was wir heute Eucharistie nennen, wurde zu einem zentralen und herausgehobenen Bestandteil der Zusammenkünfte in der unmittelbaren Nachfolge Jesu. Es gab wohl keine wichtige Zusammenkunft ohne dieses Mahl, ohne die Eucharistie.

Von Anfang an entwickelte sich ein Gottesdienst als gemeinsame Feier in Dankbarkeit und in der Hoffnung auf das angebrochene Reich Gottes als Kern des christlichen Lebens. Die Briefe des Apostels Paulus zeigen, dass die verschiedenen Gemeinden in vielfältiger Weise Gottesdienst gefeiert haben, in kleineren oder größeren Gemeinschaften, mit Texten und Auslegung, mit Lobpreis, mit Gebet und immer mit der Feier eines Mahles. Das bezeichne ich im engeren Sinn mit dem Wort Kult: ein Mahl, in dem das Leben, Sterben und Auferstehen Jesu von Nazareth (theologisch gesprochen das Pascha-Mysterium) gefeiert und damit in die jeweilige Mitte und Gegenwart hineingeholt und gegenwärtig wird. Das Ereignis wurde also zu einer kultischen Begegnung mit dem auferstandenen Jesus und der Feiernden untereinander, es war ein Heilsereignis.

Die Gemeinschaft der Glaubenden, Kirche genannt, ist von Anfang an Gottesdienst feiernde Gemeinschaft. Das bringt Paulus auf den Begriff, wenn er das Wort communio (lat.) bzw. koinonia (griech.) gebraucht. Thomas Söding beschreibt das so: »Eine koinonia ist jene Form von Zusammengehörigkeit, die nicht durch eine wechselseitige Absprache der Beteiligten zustande kommt, sondern von einem Dritten im Bunde gestiftet ist. Im Falle der kirchlichen communio ist dieser Dritte der Erste: Gott selbst, der Vater, zu dem man beten kann (Gal 4,6; Römer 8,15), Jesus Christus, der Sohn, der als Mensch erschienen ist, um die Menschen mit Gott zu versöhnen (2 Kor 5,15–21), der Heilige Geist, der ihnen die Gaben verleiht, in der Kirche mitzuarbeiten. Aus diesem Grund wird Gemeinschaft durch Teilhabe und Teilnahme geprägt.«[24]

Von Anfang an durchbricht diese Gemeinschaft Grenzen von Kultur, Sprache, Herkunft, Geschlecht. Die Begegnung mit dem geheimnisvollen Gott, der sich im Pascha-Mysterium erschließt und im Heiligen Geist reale Gegenwart ist, hat Auswirkungen auf das Miteinander der Menschen und auf die konkrete Praxis ihres Lebens.

»Ist der Kelch des Segens, über den wir den Segen sprechen, nicht Teilhabe am Blut Christi? Ist das Brot, das wir brechen, nicht Teilhabe am Leib Christi? Ein Brot ist es. Darum sind wir viele ein Leib; denn wir alle haben teil an dem einen Brot.« (1 Kor 10,16 f.) Das Besondere dieser kultischen Feier liegt darin, dass sie nicht die Begegnung eines Einzelnen mit dem Geheimnis Gottes ist, sondern eine neue Gemeinschaft schafft. Sie ist geistliches »community building« ganz eigener Art. Eine solche Gemeinschaft war in der antiken Welt eine Neuerung. Besonders attraktiv war die praktische Auswirkung auf das individuelle und gemeinschaftliche Leben, deutlich wahrnehmbar etwa in der Hinwendung zu Kranken und Schwachen. Denn die Mahlfeier, die Eucharistiefeier, war nicht ausschließend, sondern einladend und ausgerichtet auch auf die lebensverändernde Kraft und das konkrete Lebenszeugnis. Es geht eben nicht um die Auserwählung einer kleinen Gruppe, der das Heil exklusiv zugesprochen wird, sondern um eine »soteriologische Dynamik« (Söding), das heißt, eine Bewegung, die das Heil der Welt im Ganzen anzielt. Kirche »ist Kirche für die Menschen und von Menschen, mitten unter ihnen; aber sie ist kein Gebilde, das sich menschlichen Konzepten verdankt, sondern dem Ruf Gottes zur Gemeinschaft mit ihm – der freilich von Mensch zu Mensch vermittelt wird und auch die Organisation prägt.«[25]

Deswegen ist der christliche Kult im paulinischen Sinn eine Feier der ganzen Kirche: Alle sind beteiligt; einen Gegensatz zwischen Priestern und Gläubigen aufzubauen, entspricht nicht der paulinischen Tradition. Thomas Söding führt einen wichtigen Gedanken dazu weiter aus, der die Verbindung von Taufe und Eucharistie verdeutlicht: »Der eucharistietheologische Ansatz ist traditionell mit einer starken Position des Priestertums, der tauftheologische mit einer profilierten Theologie des priesterlichen Gottesvolkes verbunden. Der paulinische Zusammenhang zeigt, dass eine falsche Alternative aufgebaut würde, wollte man eins gegen das andere ausspielen. Sowohl die Taufe wie die Eucharistie sieht der Apostel als Feier der ganzen Kirche (…)«[26]

Erinnerung

In der sogenannten Abschiedsrede vor seinem Leiden und Sterben tröstet Jesus seine Freunde, die Angst davor haben, dass er sie allein lässt: »Euer Herz lasse sich nicht verwirren. Glaubt an Gott und glaubt an mich!« Und weiter: Der Heilige Geist, »den der Vater in meinem Namen senden wird, der wird euch alles lehren und euch an alles erinnern, was ich euch gesagt habe«. (Joh 14,1.26) Diese *Erinnerung* feiern wir in der Eucharistie, im gemeinsamen Mahl. Es ist eine vergegenwärtigende Erinnerung, eine je neue Realisierung des Christus-Ereignisses. Jesu Leben, seine Worte und Taten, seine Hingabe am Kreuz werden im Hier und Jetzt Wirklichkeit, sie geschehen unmittelbar in der Mitte der versammelten Glaubensgemeinschaft. Die Proklamation »Jesus Christus ist der Herr« (Phil 2,11), der Kyrios, war auch ein politisches Signal, das den römischen Staat beunruhigen musste, denn eigentlich galt: Kyrios ist der Kaiser.

Diese Feier war und ist geprägt durch eine zweifache Erinnerung: durch die Vergegenwärtigung der Verkündigung Jesu und des Pascha-Mysteriums, und durch die Einbettung dieses Ereignisses in die Geschichte Gottes mit dem Volk Israel, die universale Bedeutung hat. Das Christusereignis schließt – aus christlicher Sicht – an die Geschichte des Bundes Gottes mit seinem Volk an. Paulus verstand sich selbstverständlich als gläubiger Jude. Die Einbettung des letzten Mahles, das Jesus im Kreis seiner Anhänger gefeiert hat, in die Geschichte des Exodus und des Bundesschlusses ist unübersehbar. Es ist eine kultische Feier, die am Anfang des Christentums und der sichtbaren Glaubensgemeinschaft der Kirche steht, aber eben nicht am Anfang der Heilsgeschichte.

Die lebendige Kraft, die aus der kultischen Feier und der vergegenwärtigenden Erinnerung kommt, strahlt aus in die konkrete Lebenspraxis der Gläubigen. Es ist eine aufbauende, stärkende und zugleich beunruhigende Erinnerung. Johann Baptist Metz (1928–2019) hat in seiner Theologie in besonderer Weise den Begriff der vergegenwärtigenden Erinnerung profiliert und spricht von einer »gefährlichen Erinnerung«, die durchaus etwas Revolutionäres hat und deshalb von Grund auf Neues entstehen lassen kann: »(Sie) ist nicht eine Erinnerung, die trügerisch dispensiert von den Wagnissen der Zukunft. Sie ist keine bürgerliche Gegenfigur zur Hoffnung. Im Gegenteil, sie enthält eine bestimmte Antizipation der Zukunft als einer Zukunft der Hoffnungslosen, der Gescheiterten und Bedrängten. So ist sie eine gefährliche und befreiende Erinnerung, welche die Gegenwart bedrängt und in Frage stellt, weil sie nicht an irgendeine offene, sondern eben an diese Zukunft erinnert und weil sie die Glaubenden zwingt, sich ständig selbst zu verändern, um dieser Zukunft Rechnung zu tragen.«[27]

Dass in den ersten Jahrhunderten n. Chr. bis zur Konstantinischen Wende über das caritative Handeln hinaus noch keine politische Dimension des Christentums sichtbar wurde, ist nachvollziehbar, wenngleich ich meine, dass diese durchaus in der Luft lag. Es war ja nun gewiss keine unpolitische Zeit, die Verfolgung der Christen hatte politische Gründe und der Stachel der Verkündigung vom Reich Gottes, der Zuwendung zu den Ausgegrenzten, die Idee einer umfassenden Gemeinschaft und die Infragestellung weltlicher Macht sind nur wenige Schlagworte, um diese Atmosphäre grob zu skizzieren. Kult und Diakonie, Kult und Caritas werden unabdingbar miteinander verbunden. In der christlichen Gemeinschaft kann das eine nicht ohne das andere bestehen. Die Feier der Eucharistie, der Danksagung für Gott und für das Leben, ist letztlich eine Feier der Liebe Gottes. Darauf weist auch Thomas Söding hin und folgert: »Die Diakonie stärkt die Solidarität mit den ›Hausgenossen des Glaubens‹ (Gal 6,10), besonders den ›Armen‹ (Gal 2,10). Sie ist aber keine Zugabe zur Liturgie, sondern deren Konsequenz. Die gottesdienstliche Versammlung bietet im frühesten Christentum eine – vielleicht die einzige – Gelegenheit, eine Sammelaktion zu organisieren. Es ist aber die Gemeinschaft des Glaubens selbst, in der die Verbindung geschaffen wird – weil hier wie dort auf Gott geschaut wird, entsteht keine einseitige, sondern eine wechselseitige Verbindung des Gebens und Nehmens (2 Kor 8,14), so dass die materielle Hilfe eine eigene Spiritualität entwickelt: die der Liebe, die Gemeinschaft stiftet. Deshalb kommt die Diakonie nicht zur Liturgie hinzu, sondern ergibt sich aus ihr.«[28]

Das Leben feiern

Der christliche Glaube ist nicht zunächst eine Doktrin oder eine Moral, sondern ein Ereignis und ein Fest, das Konsequenzen hat. Feste werden gefeiert, damit die alltägliche Wirklichkeit durchbrochen wird und mehr Möglichkeiten des Menschseins und des Lebens sichtbar werden. Wir sind nicht nur das, was wir erarbeiten, verdienen, erwerben, herstellen. Sondern unser Leben steht doch in einem weiten Horizont, der auch Überschwang bedeutet, Begrenztheit und Angst überwinden kann, uns für andere Menschen, Lebensräume und Begegnungen öffnet. In der Deutung der heiligen Schrift und des Lebens Jesu wird in der Gemeinschaft der ersten Christen erfahrbar, was denn die »neue Schöpfung«, von der Paulus spricht (vgl. 2 Kor 5,17) bedeutet: ein neues Miteinander, ein erneuerter Blick auf das Geheimnis Gottes, ein offener Himmel. Insofern soll im Gottesdienst die Mitte der Verkündigung Jesu erfahrbar werden: Das Reich Gottes hat schon begonnen! Damit meint Jesus nicht zunächst und vor allem das Leben nach dem Tod oder das Ende der Welt, sondern er beschreibt die Wirklichkeit, die schon sichtbar geworden ist in seinem Reden und Handeln und die mit seinem Tod und seiner Auferstehung schon angebrochen ist. Wenn Jesus beim letzten Abendmahl sagt: »Von nun an werde ich nicht mehr von der Frucht des Weinstocks trinken, bis das Reich Gottes kommt« (Lk 22,18), dann sagt er, dass er nicht aus der Welt geht und für immer entzogen ist, sondern als Auferstandener für immer und ewig in jeder Gemeinschaft, die dieses Mahl feiert, auch am Tisch sitzt. Auch heute, auch bei uns, jetzt! Wenn wir im Vaterunser sprechen »dein Reich komme«, beten wir ja nicht um das Ende der Welt, sondern um die Gegenwart des Reiches Gottes jetzt.

Jesu Botschaft für alle Menschen ist: Das Reich Gottes ist da, auch wenn es noch nicht vollendet ist. In dieser Spannung steht das gesamte Leben der Menschen, und auch der Glaube selbst hebt diese Spannung nicht auf. Aber: Der Glaube vermag in dieser Spannung, Hoffnung zu verleihen! Das Christentum will nicht vertrösten auf eine Zeit nach unserem Tod oder auf das »Jüngste Gericht«, sondern jetzt die Hoffnung zeigen, die das Leben verändert und die durch das Pascha-Mysterium, durch Ostern möglich geworden ist: Es ist die Hoffnung auf eine neue Schöpfung, auf eine neue Zeit – kultisch gefeiert in Gemeinschaft und sichtbar in einem stets zur Wandlung fähigen Leben, ausgerichtet auf die Veränderung der Welt!

Das ist unser kraftvoller Ausgangspunkt: die Feier des Lebens im Lobpreis des dreifaltigen Gottes – Vater, Sohn und Heiliger Geist. In der kultischen Feier wird der Glaube an einen Gott sichtbar, der Hingabe ist und nicht Macht und Unterwerfung; der sich als Vater aller Menschen erweist und sich selbst verschenkt im Leben Jesu von Nazareth; der sich in der Dynamik des Geistes auch in der Geschichte zeigt. Diese Kraft des Geistes zieht jede Lebensgeschichte und die Geschichte der Menschheit und des Universums hinein in eine Vollendung in Liebe. In diese Bewegung werden wir hineingenommen, wenn wir uns zur Eucharistie versammeln, und das macht das Spezifikum des christlichen Glaubens aus und drängt uns zum Handeln. Diese Kraft, diese Bewegung und diese Energie empfinde ich immer wieder neu in der Feier der Eucharistie und auch im Beten. Es ist eine Erfahrung, die Beziehung und Gemeinschaft stiftet, die das eigene aufbricht und Neues ermöglicht. Und das ist es doch, was wir dringend brauchen – in der Glaubensgemeinschaft und in der Gesellschaft. Das Osterereignis und die Feier der Eucharistie sind Herzstück und im Grunde die stärkste Realität von Liebe.

5
Christentum ist Kult!

Ist die Eucharistiefeier noch der Ort für wirksames »community building« und »social relationship« und Kraftquelle zur Verwandlung der Welt? Löst die sonntägliche Eucharistiefeier ein, was sie verspricht: Feier der Liebe Gottes *und* Feier des Lebens zu sein? Oft genug leider nicht – sagen die Erfahrung und die faktische »Entleerung« unserer Gottesdienste. Damit kein Missverständnis aufkommt: Ich bin nicht der Meinung, wir müssten etwas wiederholen, von dem wir denken, es habe die Versammlungen der ersten Christen geprägt: mehrstündige Gottesdienste mit Austausch, viel Gesang, charismatische Begeisterung – obwohl etwas geistliche Power und manche charismatische Lebendigkeit einigen Gottesdiensten guttun könnten. Doch es würde schon viel bewirken, wenn wir uns dem Zweiten Vatikanischen Konzil und der Konstitution über die Liturgie ernsthaft zuwenden würden. Was dort über die »tätige und gemeinschaftliche Teilnahme« (SC 21) aller gesagt wird, ist längst noch nicht so weit ausgestaltet, wie es möglich und notwendig wäre, um die Liturgie zu einer gemeinschaftlichen Feier aller Beteiligten zu machen. Wer mich als Bischof erlebt, weiß durchaus, dass ich eher nicht für eine absolut freie oder formlose Gestaltung von Gottesdiensten zu begeistern bin. Liturgie und Gottesdienst brauchen eine Form, die von allen verstanden und akzeptiert werden kann. Gerade die Wiederholung und das Sich-Verlassen-Können auf bestimmte Abläufe, Rituale, Formeln ermöglichen Freiräume und Vielfalt.

In Musik und Gesang soll in der Liturgie deutlich erfahrbar werden, dass sich der Himmel über unserem Leben öffnet. Das will auch in der großen Tradition des Kirchbaus erfahrbar werden. Schauen wir nur auf die gotischen Kathedralen, die förmlich in den Himmel hineinwachsen wollen. Und dennoch müssen wir natürlich fragen, ob das noch unserer Art des Feierns entspricht. Können wir auch künftig immer noch Gottesdienst feiern in den Sakralräumen von Gotik oder Barock? Verstehen wir noch, was uns diese Kunst und Architektur sagen wollen? Und wie vermitteln wir das? Das sind wichtige Fragen, denn die »Kulisse« kann unser Feiern und unsere Erfahrung sehr prägen. Raum und Inhalt müssen miteinander in Beziehung stehen. Die Debatte, ob und wie unsere Kirchen (alte wie neue) den »Raum« bereithalten können für diese Feier, wird und muss geführt werden. Die Veränderungen der liturgischen Orte nach dem Zweiten Vatikanum sind ein Zeichen dafür, aber das ist nicht der Endpunkt. Auch wenn ich das hier nicht weiter vertiefen kann: Kirchenraum und Liturgie sind ein wichtiges Thema!

Die Erneuerung der liturgischen Feiern ist ein wesentlicher Aspekt für die Zukunft des Christentums. In die Gestaltung von Liturgie können viele Elemente eingebracht werden, die die Feiern der Kulturen auch sonst prägen. Vor allem ist zentral: Der Charakter des Festes, der Begeisterung und des Zeugnisses müssen deutlich erfahrbar sein. Das Thema der »tätigen Teilnahme« aus dem Zweiten Vatikanum ist noch nicht erledigt.

Die Elemente der Eucharistiefeier sind miteinander verbunden: die Feier des Pascha-Mysteriums, das Opfer Christi, die Feier der Versöhnung und der Sühne für alle Sünden und alles Leid der Welt. Das ist jedes Mal aufs Neue ein dramatisches Ereignis! In dieser Liturgie verdichten sich Leben und Tod, Sterben und Auferstehen Jesu, unsere Welterfahrung und die Botschaft vom Reich Gottes zu einer einzigen komplexen Wirklichkeit. Gerade deswegen kann die Feier der Eucharistie auch eine Erfahrung der Entgrenzung, ja vielleicht einer »Extase« im Sinne positiver Ergriffenheit sein, in der sich unsere Erfahrungs- und Erkenntniswelt öffnet für eine neue Welterfahrung, die mit dem Reich Gottes schon angebrochen ist. Es ist jedenfalls nicht Utopie und Träumerei, was wir gemeinsam feiern. Wir feiern als Glaubensgemeinschaft nicht deshalb Gottesdienst, weil Gott das bräuchte, sondern weil wir das zum Leben brauchen! Ohne die Sehnsucht nach dem offenen Himmel können wir uns die Erde nicht wünschen. Denn das hieße für mich, ohne Hoffnung zu leben.

Kult als Vollzug des Glaubens

Und gerade deswegen betone ich die Bedeutung des Kultes: Denn es geht hier nicht um eine menschliche Feier, sondern um ein Fest, zu dem Jesus Christus selbst einlädt, ein Fest, bei dem sein Leben, sein Tod und seine Auferstehung real, gegenwärtig werden. Was die Theologie für alle Sakramente sagt, gilt auch für die Feier der Eucharistie: Sie ist, was sie bezeichnet. Der christliche Kult schafft nicht durch magische Beschwörungen etwas beliebig Faszinierendes, sondern deckt auf, was in Wirklichkeit da ist. Er zieht – bildlich gesprochen – den Vorhang beiseite, damit wir sehen, es ist wirklich wahr: Christus ist da, er ist auferstanden. Es geht gerade nicht um eine Inszenierung, sondern um die neue Welt, die von Gott her möglich und real greifbar wird. Deswegen unterstreicht die katholische Dogmatik deutlich, dass das Sakrament keine symbolische Zeichenhandlung ist, sondern: Es ist, was es bezeichnet. Es zeigt, was ist.

Religionen und insbesondere das Christentum sind nicht zu verstehen, wenn wir die kultischen Vollzüge ausklammern. Die tatsächliche Feier des Glaubens, theologisch gesprochen der Vollzug des Glaubens, gehört zur Religion dazu, denn das ist der Raum der Begegnung mit dem Göttlichen selbst. Ohne diesen Vollzug wäre das Christentum nur eine weitere Weltanschauung, ein Denkansatz, vielleicht eine Ethik. Das unterscheidende, was durch den Kult hineinkommt, ist die Begegnung mit dem Göttlichen.

In diesem Sinne meine ich mit Kult die Summe der praktischen Vollzüge, die auf die Verehrung Gottes, auf die Begegnung mit dem Göttlichen, auf die Feier des »offenen Himmels« ausgerichtet sind. Joseph Ratzinger hat einmal gesagt, dass sich an der Liturgie das Geschick der Kirche entscheide. Das kann ich vollständig teilen. Ein Christentum ohne kultische Feier, ohne sakramentale Öffnung und Entgrenzung der irdischen Wirklichkeit, ohne die Feier eines unzerstörbaren Lebens mitten unter uns, wäre letztlich sinnlos und würde als Erinnerung der Vergangenheit irgendwann verdunsten.

Der sakramentale Kult ist kein Theater, sondern Repräsentation einer neuen Wirklichkeit. Darin wird deutlich, was das Spezifische des christlichen Kultes ist. Es geht nicht darum, eine göttliche Macht zufriedenzustellen oder die Götter zu besänftigen. Es geht auch nicht darum, eine politische Herrschaft zu stabilisieren durch den Dekor des Religiösen. Und es geht nicht darum, individuelle Bedürfnisse zu befriedigen. Sondern darum, eine Dynamik der Erneuerung, der Freiheit, der Verwandlung der Welt real erfahrbar werden zu lassen in der Gemeinschaft der Glaubenden, und in diese Dynamik der Verwandlung einzutreten.

Die Kirche hat im Lauf der Geschichte Erscheinungsweisen, Traditionen, Elemente, Spuren anderer Religionen und auch deren Verständnis von Kult und Religion aufgenommen. Manches davon ist in der Formensprache und auch in der Kultsprache der Kirche weiterhin präsent; zum Beispiel, wenn das Gebet alle in die Gemeinschaft einbezieht, »die bei dir Gnade gefunden haben, von Anbeginn der Welt« (Zweites Hochgebet)[29]. Es gehört zur integrativen Kraft der katholischen Tradition, dass Rituale und Bilder anderer Religionen nicht völlig bedeutungslos werden, sondern auf das Christusereignis hin interpretiert und verschiedene religiöse Traditionen, Heiligenverehrung, Bräuche und Zeichenhandlungen aufgenommen werden. Dahinter steht die Überzeugung, dass die Religionsgeschichte nicht erst mit dem Christusereignis beginnt, sondern eine Jahrtausende währende Suche des Menschen nach Gott in einen neuen Horizont stellt. Auch künftig wird es so sein, dass immer wieder neue Elemente Eingang in die Liturgie finden. Es ist eine der Herausforderungen für das kirchliche Leben, wie dieser lebendige Austausch zwischen Liturgie und Leben, zeitgenössischer Kultur und verschiedenen Traditionen jenseits von Beliebigkeit in einer Formsprache Ausdruck finden kann. Das Wechselverhältnis von Tradition und neuen Entwicklungen muss jedenfalls dynamisch bleiben, um Anknüpfungspunkte im Leben der Menschen und der Kulturen zu behalten.

6
Das Unsagbare feiern

Hat das Christentum auch gesellschaftliche Relevanz? Wie ist die Kirche auf die Gesellschaft bezogen? Die Antworten sind nicht ganz einfach. Die Entwicklung der Soziologie im 19. Jahrhundert und die aufkommende Vorstellung von Gesellschaft als einer gewissen »Totalität« – also einer Gesamtheit –, die vergleichbar den Naturgesetzen ihren sozialen Gesetzen folgt, hat den Begriff »Gesellschaft« zum allumfassenden Horizont allen menschlichen Lebens gemacht. So konzipiert wird Gesellschaft dann zum »großen Wesen«, an dem sich alles andere zu orientieren hat, auch Religion. In meiner Dissertation habe ich mich mit diesem hier nur ganz knapp dargestellten Zusammenhang ausführlich beschäftigt. Das Problem liegt darin, dass alle Lebensbereiche funktionalisiert werden im Horizont der »Gesellschaft«. Religion wird in diesem Modell die gesellschaftliche Funktion zugeschrieben, Stabilitätsfaktor oder Moralressource zu sein. Entsprechend ergeben sich daraus Empfehlungen zur Weiterentwicklung der einzelnen institutionalisierten Religionen.

Das bedeutet jedoch – und davor warne ich deutlich –, dass man Religion vom soziologisch Brauchbaren her entwickelt. Dieser stets gegebenen Gefahr des Funktionalismus erliegen auch jene kirchlichen Reformbestrebungen, die nicht zentral vom Christusereignis ausgehen, sondern von empirisch erhobenen jeweiligen gesellschaftlichen Bedürfnissen. Die Wirkungen des Christusereignisses und seiner kultischen Feier werden aber nicht von daher produziert. Sie kommen aus dem Bekenntnis und dem

Zeugnis selbst, und können dann auch als solche empirisch fass-
bar sein.

Wir sind nicht Gott

Jürgen Habermas weist immer wieder einmal darauf hin, dass
es Erfahrungen und Wirklichkeiten gibt, die in säkularer Sprache nicht vollends angemessen zum Ausdruck gebracht werden
können, und dass die religiöse Sprache – vor allem im Gebet und
im Kult bzw. Ritus – Ausdrucksmöglichkeiten hat für etwas, das
anders nicht gesagt und erfahren werden kann. In seiner Dankes-
rede zur Verleihung des Friedenspreises des Deutschen Buchhandels hat Habermas auf den notwendigen Unterschied zwischen
Schöpfer und Geschöpf hingewiesen: »Gott bleibt nur so lange ein
›Gott freier Menschen‹, wie wir die absolute Differenz zwischen
Schöpfer und Geschöpf nicht einebnen. Nur so lange bedeutet
nämlich die göttliche Formgebung keine Determinierung, die der
Selbstbestimmung des Menschen in den Arm fällt. (…) Dieser
Schöpfer braucht, weil er Schöpfer- und Erlösergott in einem ist,
nicht wie ein Techniker nach Naturgesetzen zu operieren oder
wie ein Informatiker nach Regeln eines Codes. Die ins Leben ru-
fende Stimme Gottes kommuniziert von vornherein innerhalb
eines moralisch empfindlichen Universums. Deshalb kann Gott
den Menschen in dem Sinne ›bestimmen‹, dass er ihn zur Freiheit
gleichzeitig befähigt und verpflichtet. (…) Müsste nicht der erste
Mensch, der einen anderen Menschen nach eigenem Belieben in
seinem natürlichen Sosein festlegt, auch jene gleichen Freiheiten
zerstören, die unter Ebenbürtigen bestehen, um deren Verschiedenheit zu garantieren?«[30]
   Wäre dieser Unterschied zwischen Schöpfer und Geschöpf auf-
gehoben und würde nicht deutlich, dass es eine absolute Diffe-

renz gibt, die die Freiheit wahrt, wären letztlich die Grundlagen der Demokratie und des Miteinanders der Menschen gefährdet. Wenn Menschen Schöpfer anderer Menschen sind, dann gibt es keine Ebenbürtigkeit, keine gleiche Würde aller Menschen, sondern eine Hierarchie der Menschen, Menschen erster und zweiter Klasse. Diese Erkenntnis gehört zu den elementaren Grundlagen der biblischen Überlieferung. Und deshalb bekennen wir im Glaubensbekenntnis, das wir in der Eucharistie beten, auch den »Schöpfer des Himmels und der Erde«. Das ist nicht bloß ein Glaubenssatz im Sinne einer intellektuellen Zustimmung, sondern – was im Übrigen für alle Glaubenssätze gilt – das freudige, vom Leben getragene Bekenntnis, Lobpreis und Festigung einer zentralen Erkenntnis und Erfahrung. Ganz kurz auf den Punkt gebracht: Wir sind nicht Gott – und das ist gut so! Und wir alle sind Menschen, gleich an Würde!

Ein Ort der Versöhnung

Auch für einen weiteren Punkt, der mir wichtig ist, beziehe ich mich auf Habermas:[31] Wie steht es um die Frage der Gerechtigkeit für die Toten? Für die unschuldigen Opfer der Geschichte? Diese Frage ist immer aktuell und betrifft uns existenziell. Der christliche Kult ist die gemeinsame Feier der Lebenden und der Toten. Es ist auch die Feier, in der Schuld, Versöhnung und Sühne für alle Menschen, für die Unschuldigen und für die Schuldigen, erfahrbar werden. Im Mittelpunkt des Pascha-Mysteriums steht die Überwindung von Schuld, Gewalt und Tod. Das ist es, was wir Ostern feiern: Gott hat zugelassen, dass sich alle Mächte des Bösen, alles Unheil der Menschheit und auch der Tod am Kreuz seines Sohnes »austoben« und endgültig ihre Macht verlieren, wie auch immer wir das mit unserem menschlichen Verstand begreifen können.

Aber das ist das Geheimnis des Kreuzes. Keine Schuld bleibt ungesühnt, kein Unheil bleibt für immer, kein Tod ist ewig!

Das feiern und bekennen wir im Glauben nicht nur für uns als »Mitglieder« der Kirche, sondern für alle Menschen aller Zeiten und Orte. Denn zum Dogma der Kirche gehört, dass die Feier der Eucharistie immer eine Feier der gesamten Menschheitsfamilie ist. Hier soll deutlich erfahrbar werden, dass wir alle Geschwister sind, dass Gott der Vater aller Menschen ist und Christus »für euch und für alle gestorben« ist, wie es im Hochgebet in der Messe heißt. Die Feier des Kultes ist eine Feier des Lebens und der Hoffnung für alle!

Auch deshalb ist es wichtig, dass es auch in einer modernen offenen Gesellschaft diese »Kult-Orte« gibt und dass sie sichtbar sind: Räume und Zeiten, an denen Sühne und Versöhnung erfahren und geteilt werden und die Wirklichkeit und Möglichkeit einer tiefen Versöhnung aller Menschen gefeiert wird. Das ist der grenzüberschreitende Horizont, den die Feier des christlichen Kultes eröffnen will. Und das ist unser Anspruch und unsere Einladung an alle! Damit es eben keine Utopie und Vertröstung bleibt, dass es die Einheit der Menschheitsfamilie tatsächlich gibt, in der wir alle aufeinander bezogen und füreinander verantwortlich sind, und in der alle Geschwister sind.

Erfahrungsraum für das Unsagbare

Die Feier des christlichen Kultes hat noch eine weitere Dimension: Sie sprengt die Grenzen des menschlichen Bewusstseins. Man könnte sogar sagen, sie bietet einen gewissen entgrenzenden Überschuss, der Erfahrungen ermöglicht, die wir sonst nicht machen. Sicherlich gibt es dazu Analoges etwa in Musik, Kunst,

Literatur und in der Liebe. In Erfahrungsräumen also, die den Einzelnen Horizonte erschließen können, die sie sonst nicht für möglich hielten. Diese Entgrenzungs-Erfahrung gibt es auch im Religiösen. Der homo sapiens ist von Anfang an auch ein homo religiosus, wie schon ausgeführt. So wie ich es verstehe und wie ich es auch in meinem Leben als suchender und gläubiger Mensch immer wieder neu erfahre, beschränkt der Kult nicht die eigenen Lebens- und Erkenntnismöglichkeiten, den Erfahrungs- und Fragehorizont, sondern erweitert dieses Spektrum. Es ist im tiefsten Sinne eine Öffnung.

Ich will das mit einem Bild von Brigitte Stenzel beschreiben, das im Bischofshaus in München in der Kapelle als Altarbild zu sehen ist: Dargestellt ist Maria als junge Frau, die einen schweren Vorhang einen Spalt weit öffnet und in ein dahinter scheinendes Licht blickt. Es ist eine sehr ruhige und zugleich bewegte Szene. Die junge Frau steht still in ihrer Bewegung, abwartend, staunend, vielleicht auch skeptisch. In ihrem Rücken schleicht sich eine Schlange aus dem Bild. Dieses Gemälde hat etwas ganz radikal Aktuelles und zugleich Zeitloses. Das könnte auch damit zu tun haben, dass die Künstlerin Maria ihre eigenen Gesichtszüge gegeben hat. In dieser gemalten Szene geht es für mich als gläubigen Christen um den entscheidenden Wendepunkt der Geschichte: um die Menschwerdung Gottes. Und damit um einen Prozess, der unumkehrbar ist in der Geschichte der Menschen und der ganzen Schöpfung: Gott und Welt sind untrennbar aufeinander bezogen und miteinander verbunden. Das ist das Geheimnis, dass Jesus Christus ganz Gott und ganz Mensch ist.

Ausgehend von diesem Geheimnis, das der christliche Kult feiert, ergeben sich auch Auswirkungen auf das menschliche Miteinander. Dieser Erfahrungsraum für das Unsagbare, das Transzendente, wirkt sich auf die Gesellschaft aus, auf unser Gemeinwesen. Etwa indem es die Sensibilität vertieft, die wir empfinden für die Schöpfung, für unseren Nächsten, für die Welt insgesamt. Hans Joas hat es einmal so umschrieben, dass Werte eines Interpretationsrahmens sowie starker Erfahrungen bedürfen, um dauerhaft zu Überzeugungen zu werden.[32]

Mit all diesen vorgenannten Aspekten umfasst die Rede vom christlichen Kult die verschiedenen Dimensionen des kultischen Geschehens, die zusammengehören und sich gegenseitig bereichern: das Gebet, die sakramentalen Zeichenhandlungen, das Opfer und die Versöhnung, die Erinnerung und die Sendung zur Verwandlung der Welt.

Im Lauf der Jahrzehnte ist der Religionsbegriff für mich deutungsoffener und vielfältiger geworden. Das wäre sicher eine eigene Thematisierung wert. Aber auch mit dieser Begriffsunschärfe, die ich im Moment so stehen lassen will, bleibe ich von einem Punkt überzeugt: Religion gibt es nicht ohne Kult. Fraglos können auch im Christentum die kultischen Vollzüge vielfältige Formen annehmen und sind gestaltungs- und veränderungsoffen. Prinzipiell jedoch müssen sie für das Geheimnis Gottes Raum geben und der realen Gemeinschaft von Gott und Mensch: Gott, den wir als das absolute Geheimnis bekennen, ist da und wir können ihm begegnen.

7

Von der Notwendigkeit des Nutzlosen

321 n. Chr. führte Kaiser Konstantin im ganzen Römischen Reich den Sonntag ein. Seitdem prägt uns der Rhythmus von Werktagen und Sonntag. In unserem Land ist der Sonn- und Feiertagsschutz grundgesetzlich garantiert durch Art. 140 GG in Verbindung mit Art. 139 WRV, in dem es heißt: »Der Sonntag und die staatlich anerkannten Feiertage bleiben als Tage der Arbeitsruhe und der seelischen Erhebung gesetzlich geschützt.«

Das Bundesverfassungsgericht hat sich in mehreren Verfahren mit dem Sonn- und Feiertagsschutz und den Ladenöffnungszeiten beschäftigt und in seinen Urteilen umfassend reflektiert, worum es in der Wahrung dieses Schutzrechtes geht. Zuletzt hat es in einer wegweisenden Entscheidung vom 1.12.2009 festgehalten: »Soweit Art. 139 WRV an den Sonntag und an die staatlich anerkannten religiösen Feiertage in ihrer überkommenen christlichen Bedeutung als arbeitsfreie Ruhetage anknüpft, deckt er sich im lebenspraktischen Ergebnis in seinen Wirkungen weitgehend mit der sozialen Bedeutung der Sonn- und Feiertagsgarantie. Er hat insoweit seine Wurzeln im jüdischen Sabbat (Samstag). Das jüdische Verständnis des Sabbats als heiliger Ruhetag wurde später auf den Sonntag übertragen. (...)« (Abs. 142)[33]

Der Sonntag und die religiösen Feiertage sind also zwar auch Ausdruck der Glaubens- und Religionsfreiheit. Sie sind aber keine Privilegien von Kirchenmitgliedern. Diese geschützten arbeitsfreien Tage stehen ja nicht nur den Angehörigen der christlichen

Kirchen zur Verfügung, sondern sind ein Schutzrecht für alle in diesem Land. Der Sonntag ist keine Funktion der Arbeitswelt und Wirtschaft. Er dient auch, aber nicht nur, der physischen und psychischen Erholung. Dies unterstreicht auch das Bundesverfassungsgericht in diesem Urteil: »In der neuzeitlichen Interpretation durch die großen öffentlichrechtlich verfassten christlichen Religionsgemeinschaften kommt dem Sonntag und den religiös-christlichen Feiertagen auch die Aufgabe zu, Schutz vor einer weitgehenden Ökonomisierung des Menschen zu bieten. (…)« (Abs. 143) Es geht im biblischen Verständnis dieses Ruhetages nicht darum, dass Menschen neue Kräfte sammeln können für das werktägliche Funktionieren und Konsumieren im kapitalistischen Wirtschaftsprozess. Dazu noch mal das Bundesverfassungsgericht: »Der Sonn- und Feiertagsgarantie kann schließlich ein besonderer Bezug zur Menschenwürde beigemessen werden, weil sie dem ökonomischen Nutzendenken eine Grenze zieht und dem Menschen um seiner selbst willen dient.« (Abs. 144)

Im Schutz des Sonntags und der religiösen Feiertage kann sich ausdrücken, dass Religiosität zum Menschsein gehört. Kirche, die auf der Höhe der Zeit den öffentlichen Diskurs sucht, sich hinterfragt und entwickelt, bietet dem Gemeinwesen darin auch die kritische Unterscheidung der »gesellschaftlichen Mächte« und stärkt die Ideen der Freiheit und der Demokratie.

Das nimmt auch die Kirche selbst in die Pflicht, die Tradition des Sonntags zu pflegen und sich nicht aus dem Sonntag zurückzuziehen. Auch das ist ein wichtiger Aspekt meiner These, warum der christliche Kult nicht nur für die Kirche, sondern auch für die Gesellschaft bedeutsam ist. Wenn wir als christliche Gemeinschaft nicht selbst den Sonntag mit Leben erfüllen und das tun, was wir von anderen einfordern, dann bewegen wir uns tatsächlich auf die reine Sicherung überkommener Privilegien zu. Wir müssen selbst den Sonntag feiern und unsere Eucharistiefeier zum attraktiven Versammlungspunkt machen für alle, die an dieser Gemeinschaft interessiert sind, ja für das Gemeinwesen insgesamt. Das Läuten der Glocken kann auch ein positives Signal an alle sein: Innehalten!

Dann ist der Sonntag eine wirkliche Unterbrechung, markiert so die »Notwendigkeit des Nutzlosen« und ist deswegen ein wichtiger Kontrapunkt gegen eine Funktionalisierung aller Lebensbereiche.

Religion ist Unterbrechung

Auf die im katholischen Bereich durchaus noch übliche Frage: »Was kostet die Messe (im Sinne eines Stipendiums)?«, lautet doch die einzig richtige Antwort: Das Leben! Die Feier des Kultes ist keine Frage des Geldwertes, denn die sonntägliche Feier von Tod und Auferstehung unterbricht jede Logik des Marktes und des Funktionalismus. Hier gilt nicht mehr »Was kostet die Welt?«, sondern die »Logik der Gnade«, die man nicht kaufen kann und die unentgeltlich verschenkt wird. Insofern ist die Eucharistiefeier am Sonntag, zu der die Auslegung der Freiheitsbotschaft der Bibel gehört, auch ein Ort der Widerspenstigkeit und Unangepasstheit. Johann Baptist Metz hat diesen Gedanken einmal ganz prägnant so formuliert: »Die kürzeste Definition von Religion: Unterbrechung.«[34]

Angesichts der letzten 500 Jahre eines sich ausbreitenden und immer mehr Lebensbereiche durchdringenden Kapitalismus, auch im globalen Maßstab, mit all den Folgen für soziale, politische und ökologische Verhältnisse, scheint ein Kontrapunkt der Unterbrechung dieser Dynamik, ein »Stoppschild« der Ökonomisierung überaus angezeigt, ja unbedingt notwendig.

Ich will es pointiert so formulieren: Die Zerstörung des Sonntags befördert die Ausbeutung der Schöpfung und des Menschen! Insofern ist die Feier des Sonntags nicht nur für das Christentum überlebenswichtig, sondern für den ganzen Planeten und eine menschenwürdige Zivilisation. Daran zeigt sich auch, dass aus dem Geist des Evangeliums und des Christusereignisses wichtige kritische Elemente hervorgegangen sind, die auch heute eingebracht werden müssen. Es kann nicht bezweifelt werden, dass der Kapitalismus seit dem 15. Jahrhundert zu großen ökonomischen Fortschritten und technischen Entwicklungen geführt hat, aber eben auch zu einer Situation, die in unseren Tagen den gesamten Planeten in eine prekäre Lage bringt. In seiner grandiosen »Globalgeschichte des Kapitalismus« zeigt der Historiker Friedrich Lenger die Logik des Kapitalismus sehr deutlich auf: »Die Verschränkung zwischen der fortgeschrittenen ökonomischen Verflechtung der Welt und einer zur planetaren Bedrohung werdenden Naturvernutzung geht also mit globalen Asymmetrien einher, die von Kapitalinteressen hervorgetrieben werden.«[35]

Der Sonntag schützt

So sehr ich die Marktwirtschaft als solche verteidige, muss ich doch deutlich sagen, dass eine alleinige Orientierung an Kapitalverwertungsinteressen und eine Herrschaft der Ökonomie, die quasi an die Stelle einer letzten Orientierung und Vergewisserung tritt, auf Dauer verheerend ist. Ohne Regeln, ohne Orientierung auf die Menschenwürde und das Gemeinwohl führt ein solches ökonomisches System kombiniert mit politischen Machtinteressen letztlich zur Zerstörung der Welt und zu Konflikten und Kriegen. Vielleicht ist das die globale Situation, in der wir uns befinden.

Daher habe ich schon vor Jahren für eine Globale Soziale Marktwirtschaft plädiert. Eine kapitalistisch beherrschte Welt führt zu neuen Ideologien, was Johannes Paul II. schon 1991 in seiner Enzyklika »Centesimus Annus« (vgl. CA 17) beschrieben hat. Diese Entwicklung ist trotz der bitteren Erfahrung der Finanzkrise 2008/2009 eingetreten. Umso mehr bin ich überzeugt, dass es für eine nachhaltig zukunftsorientierte Entwicklung der Welt keine vernünftigere Alternative als eine Globale Soziale Marktwirtschaft gibt, mit einem verbindlichen Regelwerk, auf das sich alle einigen. Allerdings haben uns die Entwicklungen der letzten Jahre sehr zurückgeworfen und wir sind derzeit weit davon entfernt, einen globalen Ordnungsrahmen verhandeln zu können. Die politischen Konflikte der sogenannten globalen Großmächte verzerren auch die Wirtschaftsbeziehungen zulasten der Menschen und der ökologischen Zukunft. Michael Quante schreibt in seinem Buch »Der unversöhnte Marx«, das aus Anlass des 200. Geburtstages von Karl Marx 2018 erschienen ist, einiges, was auch weiterhin beunruhigen muss. Quante sieht eine deutliche Verschärfung der Konflikte, und versucht im Rückgriff auf Karl Marx die Kritik am Kapitalismus zu vertiefen, die auch meines Erachtens noch längst nicht erledigt ist. Im Vorwort zu seinem Buch schreibt Quante: »Ohne philosophische und politische Aufklärung werden die Menschen sich immer stärker nach alten Zeiten und überschaubaren Verhältnissen sehnen; sie werden dabei vermutlich wieder einmal jenen hinterherlaufen, deren Denken kurz und deren Rezepte vergangenheitszugewandt sind. Längst vertrieben geglaubte Dämonen drängen mit Macht auf die Bühnen der westlichen Welt zurück.«[36]

Natürlich bin ich trotz meines Namens kein Marxist, das habe ich in meinem »Kapital« deutlich gemacht, aber die Debatten des 19. Jahrhunderts und die grundsätzliche Kritik der Ökonomie lassen sich nicht einfach negieren. Oswald von Nell-Breuning hatte völlig recht, dass wir »auf den Schultern von Karl Marx« stehen[37], und deshalb eine Wirtschafts- und Gesellschaftsordnung gestalten müssen, die dem Menschen dient. Ein grenzenloser Kapitalismus taugt dazu nicht. Der Sonntag ist Widerstand gegen eine solche Ökonomisierung aller Lebensbereiche und gegen eine Funktionalisierung des Menschen. Und die kultische Feier des Sonntags, also die Feier der Auferstehung, hält diesen Widerstand für alle wach.

Gottesdienst und Gesellschaft

Bemerkenswert ist, dass ausgerechnet aus marxistischer Perspektive Kritik an Entwicklungen in der Kirche geübt wurde, sich einer solchen Logik der Ökonomisierung auch gerade in der Liturgie anzupassen. 1981 erschien von Alfred Lorenzer der religionskritische Titel »Das Konzil der Buchhalter – Die Zerstörung der Sinnlichkeit«[38], mit dem ich mich in meiner Dissertation ausführlich auseinandergesetzt habe. Lorenzer vertritt darin die These, dass das Zweite Vatikanum sich zu sehr auf eine falsch verstandene kapitalistische Moderne eingelassen und dadurch den Raum der Liturgie als Raum der Unterbrechung, des ganz Anderen aufgegeben habe. Er hält die Zerstörung der Sinnlichkeit des »alten« Kultes für ein verheerendes Signal der Kirche. Auch wenn für Lorenzer Religion vornehmlich auf Symbolproduktion und -repräsentation begrenzt ist, will er die religiösen Rituale als Wahrung von Freiheitsräumen fortführen, bis die marxistische Gesellschaft selbst diese Freiheitsräume garantieren könne. Etwas überspitzt formuliert, müsste man in der Argumentation von Lorenzer wohl sagen, die Liturgiereform des Zweiten Vatikanums sei eine falsche Anpassung der katholischen Kirche an eine falsche Moderne und an das kapitalistische System.[39]

Es wäre sicher leicht, eine solche Argumentation als unzureichend abzuwerten, aber sie stellt doch die kritische Anfrage, ob Liturgie, Glaube, Kirche sich letztlich organisieren und aufbauen, ausgehend von den Bedürfnissen der Gesellschaft – also vom System, vom Aspekt des Brauchens – und einer entsprechend behaupteten Systemrelevanz, oder ob sie eine eigenständige Konstitution aufweisen, die etwas Anderes einträgt. Diese Frage betrifft die grundsätzliche Verhältnisbestimmung der Kirche zur modernen Gesellschaft und ist für meinen Essay absolut zutreffend. Die Kritik am Funktionalismus ist berechtigt und es ist gut, dass diese Debatte auch in der Theologie wieder stärker aufgegriffen wird.[40]

Die praktizierte Religion hat zweifelsohne Folgen, erfüllt also Funktionen sowohl für das Individuum etwa hinsichtlich der Psyche und der Hoffnungspotenziale als auch für den engeren und weiteren Bereich menschlichen und gesellschaftlichen Miteinanders. Es sind jedoch – und das ist mir wichtig – gleichsam unbeabsichtigte Folgen, die aber von großer Relevanz sein können. Um es anders zu formulieren: Das Christusereignis ist uns nicht geschenkt worden, um die Einheit Europas zu befördern oder die Demokratie, sondern es steht für sich und stiftet eine neue Gemeinschaft zwischen Gott und den Menschen und der Menschen untereinander. Aber dieses vordergründig nicht nutzbar zu machende Ereignis ist notwendig und folgenreich für Weiteres. Das spüren wir durchaus in unserer Gegenwart.

Schauen wir auf Ereignisse unserer Geschichte und nehmen etwa ein Beispiel aus den deutsch-polnischen Beziehungen: Der Versöhnungsprozess zwischen Polen und Deutschland ging maßgeblich von einem Brief aus, den die polnischen Bischöfe 1965 an die deutschen Bischöfe gerichtet haben, und in dem sie einer geistlich begründeten Sehnsucht nach Versöhnung und Vergebung Ausdruck verleihen.[41] Davon ausgehend konnten erste Schritte gesetzt werden zur Versöhnung unserer beiden Völker, die durchaus – was man nicht verschweigen sollte – in beiden Ländern auch auf Kritik stießen.

Ein anderes Beispiel: Die Szene, als Bundeskanzler Konrad Adenauer und Staatspräsident Charles de Gaulle 1962 in der Kathedrale in Reims an einer feierlichen Friedensmesse teilnahmen, hat eine unglaubliche Wirkung entfaltet. Und eine Perspektive gestiftet, dass es möglich sein kann, Grenzen zu überwinden und Versöhnung zu feiern. Und ja: Die Einheit Europas wäre nicht denkbar ohne die verbindende Quelle des Christentums.

Die Kriege in Europa wurden bis hin zum Wiener Kongress 1815 in Friedensverträgen abgeschlossen mit der Anrufung der Allerheiligsten Dreifaltigkeit und einem »pactum oblivionis«, einer »Verpflichtung zum Vergessen«, die Schuldfrage also nicht weiter anzurühren und neu zu beginnen. Im Grunde wussten sich alle gemeinsam in die Verantwortung hineingestellt, einmal Rechenschaft ablegen zu müssen, nicht vor der Geschichte, sondern vor Gott. Hans Maier stellt in einem Beitrag unter dem Titel »Vergiss das Böse« dar, dass diese »Balance von Erinnerung und Vergessen« seit dem verheerenden Ersten Weltkrieg nicht mehr gehalten werden konnte.[42]

Der Gedanke, dass alle Menschen gleich an Würde sind, dass Gott der Vater aller Menschen und Christus der Bruder aller Menschen ist, verändert unseren Blick auf den Nächsten, auf Menschen in

Armut, auf der Flucht, auf Kriegsopfer und Ausgegrenzte, auch auf Gegner und Feinde. Dass die Menschheit eine Familie ist, gehört zum Glaubensbekenntnis der Kirche. Das wird oft unterschätzt, aber das sind kirchliche Dogmen: die Menschheit ist eine Familie, wir alle sind Geschwister, von Gott geschaffen nach seinem Bild und Gleichnis. Das ist eine radikale Revolution in der Menschheitsgeschichte. Es müsste vielleicht viel stärker in Predigten, im Gebet, in der Verkündigung, in der Katechese benannt werden, dass das, was wir feiern, höchste Relevanz hat für das Leben aller Menschen.

Eucharistie hat mit uns zu tun

Die Demokratie lebt davon, dass Menschen mehr geben als das, wozu sie rechtlich verpflichtet sind. Das wird uns immer deutlicher. Demokratie braucht Menschen, die über sich selbst hinausgehen, die in gewisser Weise selbstlos handeln, die gemeinschaftsfähig und -orientiert sind. Das ist es, wenn Jesus darüber spricht, was es bedeutet, sich seinem Weg anzuschließen: »(...) wer sein Leben retten will, wird es verlieren; wer aber sein Leben um meinetwillen verliert, wird es finden.« (Mt 16,25) Das kann man auch über die jesuanische Nachfolge hinaus als kapitalismus-kritische Haltung verstehen, die für die Menschheit und die gesamte Schöpfung überlebensnotwendig ist, und die immer wieder neu in der Feier des Kultes realisiert wird, auch in der Willkommenskultur, die jeder Gottesdienst darstellen sollte.

In solchen Aspekten wird deutlich, was fehlt, wenn diese Feier und diese Gemeinschaft fehlen. An vielen weiteren konkreten gesellschaftlich relevanten Fragen – vom Thema des sozialen Zusammenhalts über bioethische Herausforderungen oder die Folgen von Digitalität und künstlicher Intelligenz – ließe sich diese Wirkung und Bedeutung des Christentums und der Kultfeier aufzeigen. Denn was in der Feier der Eucharistie vollzogen wird, ist eben keine historisierende Vergangenheitsinszenierung, sondern hat zu jeder Zeit mit dem Leben der Menschen zu tun.

Die Frage ist relevant: Werden Religionen im verkürzten Verständnis vom Brauchen her, von den Bedürfnissen der Gesellschaft her kreiert und folglich Kulte inszeniert zur Sicherung bestehender Verhältnisse und Bedürfnisse? Und reicht uns das? Oder erfahren wir, dass die kultische Feier des Pascha-Mysteriums sich einer anderen Konstitution verdankt und ihre heilende, tröstende, befreiende, aber auch beunruhigende und Hoffnung stiftende Kraft freisetzt zur Veränderung der Welt?

Ein radikaler Funktionalismus entleert den Anspruch der Wahrheit und bringt alle Lebenswirklichkeit, einschließlich der Religion, in Abhängigkeit von wechselhaften gesellschaftlichen und politischen Interessen und Bedarfen. Dass dies in aller Regel partikulare Interessen sind, zeigt die globale Entwicklung des Kapitalismus ebenso wie die nationalistischen Verirrungen, die wir nicht nur in der Vergangenheit, sondern auch in unserer Gegenwart sehen.

Deshalb ist es ja umso bedeutsamer, dass die Feier des christlichen Kultes keinen Rückzug auf einen innerkirchlichen Zufluchtsort bedeutet, der vor dem Unheil der Welt und ihrer Geschichte abschottet, sondern Hoffnungszeichen ist, das sich an alle Menschen richtet und nicht verkürzten individuellen, nationalen, politischen oder wirtschaftlichen Interessen dient.

Auf der Höhe der Zeit bleiben

Die reine Bedarfsanmeldung im Sinne eines »Brauchens« kann die Botschaft und den Wahrheitsgehalt dessen, was im Kult vollzogen wird, nicht ausreichend begründen und herstellen. Die verkürzte und falsch verstandene Inszenierung einer gewünschten Welt, einer Utopie, macht die neue Welt noch nicht zur Wirklichkeit. Es geht auch nicht um das gewohnte und mehr oder weniger statisch bleibende Wiederholen von Ritualen. Die Kultgemeinschaft ist vielmehr eine lebendige, sich stetig verändernde Gemeinschaft im Kontext von Raum und Zeit. Die Ausdrucksformen dieser Kultfeier können sich verändern und vielgestaltig sein, Sprache und Musik etwa können und müssen immer wieder neu rezipiert werden aus der stets veränderlichen Kultur der Menschheit. Es wäre völlig verfehlt, eine Kirche und einen Kult zu beschwören, die unveränderlich bleiben durch all die Jahrhunderte hindurch, wie es die Traditionalisten fordern, womit sie vor allem ein politisches Signal geben. Nicht von ungefähr sind kirchliche Traditionalisten oft eng verbunden mit Rechtspopulisten und Antidemokraten, wie schon aufgezeigt wurde.

Der Weg der Kirche ist nicht ein reaktionärer Integralismus, wie er anscheinend in rechten Kreisen in den USA wieder auflebt, noch ein Weg in der Ideologie von Sonderwelten oder Kontrastgesellschaften. Um einer guten, ganzheitlichen Entwicklung der Welt willen braucht es Unterbrechungen wie den Sonntag, die überlebensnotwendig sind für die Menschheit. Das zeigt auch die globale Entwicklung der letzten Jahrzehnte und die stärker werdende kritische Reflexion in Politik, Sozial- und Geisteswissenschaften über den Kapitalismus, der so nicht weiter vorangetrieben werden kann – immer mehr, immer schneller, immer mächtiger –, wenn wir den Planeten nicht ganz zerstören wollen und die Ungleichheiten in der Welt nicht unendlich vertiefen wollen, womit wir auch Demokratie, Freiheit und den Frieden gefährden. Es gibt zu diesen komplexen Systemfragen vermehrt anregende Debattenbeiträge: wie etwa von Andreas Reckwitz, der über das »Ende der Illusionen« schreibt, Friedrich Lengers Globalgeschichte des Kapitalismus, Anthony B. Atkinsons Schrift über »Ungleichheit«, Donatella Di Cesares »Philosophie der Migration«, der Transformationsansatz von Maja Göpel »Unsere Welt neu denken«, Amartya Sens Appell zur Gerechtigkeit, Anne Applebaums Beitrag »Die Verlockung des Autoritären«, Martha Nussbaums neuer Ansatz zum »Kosmopolitismus«, Jan-Werner Müllers Beitrag über einen anderen Liberalismus, Thomas Pikettys Werk »Das Kapital« und Frauke Rostalskis Arbeit über »Die vulnerable Gesellschaft«. Das sind nur einige wenige bedeutende Beiträge, die ich subjektiv auswähle, und alle haben ihre eigenen Zugangswege. Wichtig ist doch, dass wir diese Debatten wieder vertiefen, die Pluralität von vernunftbegründeten Positionen erfreut zur Kenntnis nehmen und das Gespräch miteinander suchen. In dieser Debatte darf jedenfalls die Perspektive des Christentums, wie sie Papst Franziskus immer wieder deutlich einbringt, auch nicht fehlen. Seine Enzykliken »Laudato si'« und »Fratelli tutti« setzen da Maßstäbe.

Kirche und Welt im Wechselverhältnis

Die Feier des Sonntags hat eine politische Dimension, die sich nicht auf die kultische Feier der Eucharistie und die Verkündigung der biblischen Botschaft begrenzt, sondern sich auch darin zeigt, wie wir den Sonntag in der Gesellschaft, in der Familie und auch als Einzelne feiern und freihalten von ökonomischen und materiellen Verzweckungen. Es liegt tatsächlich an uns, einen anderen Ort von Leben frei zu halten, sozusagen eine Leerstelle zu schaffen, die widerspenstig ist gegenüber einem profitorientierten, lebenshungrigen und -verschlingenden Kapitalismus und Funktionalismus, der die Ganzheitlichkeit des Menschseins verkürzt.

Was fehlt, wenn der Sonntag fehlt? Was fehlt, wenn Gott fehlt? Was fehlt, wenn niemand mehr da ist, der inmitten der Gesellschaft Räume und Zeiten frei hält und Geheimnisse feiert, die unser Leben auf eine andere Wirklichkeit ausrichten, und die sie zeichenhaft sakramental erfahrbar machen?

Zu beachten ist: Kirche und Welt sind keine voneinander getrennten Sphären, sondern stehen in einem lebendigen Wechselverhältnis, in dem sie voneinander lernen, wie es auch das Zweite Vatikanische Konzil schon vor fast 60 Jahren in der Konstitution »Gaudium et spes« über die Kirche in der Welt von heute festgestellt hat: »Wie es aber im Interesse der Welt liegt, die Kirche als gesellschaftliche Wirklichkeit der Geschichte und auch als deren Ferment anzuerkennen, so ist sich die Kirche auch darüber im Klaren, wieviel sie selbst der Geschichte und Entwicklung der Menschheit verdankt.« (GS 44)

Die fruchtbare Spannung, die sich aus diesem lebendigen Wechselverhältnis ergibt, ist enorm wichtig und sie kann nicht einseitig integralistisch aufgelöst werden. Weder kann die Kirche die Welt beherrschen noch umgekehrt. Sondern es geht um Augenhöhe (wenn man diesen Begriff aus dem Gefüge menschlicher Begegnungen einmal übertragen will), um in der Welt mit all ihrem Guten und ihrem Unheil die Möglichkeit einer verwandelten, erlösten Welt aufscheinen zu lassen. Es ist ein wechselseitiger Lernprozess.

Mir wird dieses Wechselverhältnis ganz deutlich bei einem kirchlichen Hochfest, das als besonders katholisch und der traditionellen Frömmigkeit verhaftet wahrgenommen wird: an Fronleichnam. An diesem katholischen Feiertag steht im Zentrum, dass Gott wirklich gegenwärtig ist. Das äußere Zeichen ist, dass am Fronleichnamstag in einer feierlichen Prozession der Leib Christi – in Gestalt der Hostie – durch die Stadt getragen wird. In München nehmen Tausende von Menschen an dieser Prozession teil, die mit einer öffentlich gefeierten Eucharistie auf dem zentralen Marienplatz beginnt. Auf dem Prozessionsweg, der verdeutlicht, dass Jesus mit den Menschen gemeinsam unterwegs ist, dass er unser Leben teilt und durch sein Sterben und Auferstehen erlöst hat, werden üblicherweise auch die Seligpreisungen aus der Bergpredigt verkündet. Das ist weithin hörbar in der gesamten Innenstadt – auch für Anwohner und Neugierige, für Menschen in Hotels und Cafés. Mitten im städtischen Leben wird eine Botschaft kundgetan, die von Gott kommt und die für Menschen in Not und Sorge, in Krankheit und Sterben, in inneren und äußeren Zwangslagen Hoffnung geben will: »Selig, die arm sind vor Gott; denn ihnen gehört das Himmelreich. Selig die Trauernden; denn sie werden getröstet werden. Selig die Sanftmütigen; denn sie werden das Land erben. Selig, die hungern und dürsten nach der Gerechtigkeit; denn sie werden gesättigt werden. Selig die Barmherzigen; denn sie werden Erbarmen finden. Selig, die rein sind im Herzen; denn sie werden Gott schauen. Selig, die Frieden stiften; denn sie werden Kinder Gottes genannt werden. Selig, die verfolgt werden um der Gerechtigkeit willen; denn ihnen gehört das Himmelreich.« (Mt 5,3–10)

Politik mit den Seligpreisungen

Mit der Feier der Eucharistie am Marienplatz, der beeindruckenden Prozession und dem abschließenden Segen ist dieser Feiertag besonders stark kultisch geprägt. Bei den Worten der Bergpredigt spürt man: Es geht um alle Menschen, um die ganze Welt, um Erlösung und das Reich Gottes. Das ist keine Botschaft, die sich nur an das gläubige Gottesvolk richtet, sondern die allen Menschen zum Segen werden soll und die eine lebensverändernde Kraft entfalten kann, was sich auch ganz konkret im Leben von Menschen auswirken kann.

Dabei denke ich etwa an Alois Glück (1940–2024), ehemaliger Landtagspräsident, bayerischer Politiker und engagierter Christ: Im Requiem, das wir im März 2024 im Münchner Liebfrauendom für ihn gefeiert haben, habe ich auch über die Seligpreisungen gepredigt, die ich in besonderer Weise mit seinem Einsatz verbinde. Oft heißt es, dass man keine Politik machen könne mit den Seligpreisungen. Ich meine aber: Man *muss* Politik machen mit den Seligpreisungen! Und Alois Glück hat gezeigt, dass das geht; nicht so, als seien die Seligpreisungen eine Kopiervorlage für ein Parteiprogramm, für Gesetze oder politische Reden. Sondern sie geben einen Standpunkt an, von dem aus wir uns die Welt erschließen können: nämlich »von unten« her! Die Orientierung politisch verantwortlichen Handelns ist nicht abhängig von kurzfristigen Meinungsumfragen oder Social-Media-Klicks, sondern richtet sich nach prinzipiellen Überzeugungen und Grundwerten, die sich Schritt für Schritt in politisch-konkretes Handeln transformieren lassen. Dabei geht es nicht um eine naive Illusion, dass es die vollkommene Gesellschaft oder das Paradies auf Erden geben könne. Wir wissen alle nur zu gut, dass es das nicht geben kann. Aber dieser Realitätssinn entlässt uns nicht aus der Verantwor

tung, immer das je Bessere zu suchen im Horizont der Seligpreisungen und der Bergpredigt, die einen starken prophetisch-wi-
derständigen Anspruch hat, der beunruhigt und stärkt, der die
Verhältnisse auf den Kopf stellen kann und deutlich macht: Selig
sind die, die Frieden stiften. Nicht die Kriegstreiber, nicht die, die
Gräben vertiefen, die polarisieren und Spannungen verschärfen,
die Grenzen ziehen. Sondern die Frieden suchen, Brücken bauen,
Versöhnung ermöglichen. Das ist keine Illusion, Naivität oder
Utopie. Sondern das ist angewandtes Evangelium, das ist christliche Soziallehre in einer je konkreten politischen, gesellschaftlichen Situation. Für uns als Christen und biblisch orientierte Menschen ist der orientierende Standpunkt dabei klar: Wir schauen
»von unten« her, von Armut, Ausgrenzung, Verfolgung und Ent-
rechtung her auf die Welt. Oder, wie es Papst Franziskus formuliert: Von der Peripherie her blicken wir auf das Ganze. Denn eine
biblisch und christlich geprägte Gesellschaft lässt niemanden im
Stich, grenzt Menschen nicht aus, sondern bezieht alle ein und
sucht nach einer umfassenden Gerechtigkeit, nach Solidarität
und Zusammenhalt.

Alois Glück hat dieser Orientierung im politischen und gesellschaftlichen Engagement immer wieder Ausdruck gegeben und
damit etwas Unverzichtbares für unsere gesamte Gesellschaft ge-
tan. Denn es reicht ja nicht aus, die Seligpreisungen einmal im
Jahr öffentlich zu verkünden, sondern wir müssen danach fragen,
wie die christliche Orientierung wirksam sein kann. Und das liegt
letztlich an uns selbst: Ohne die Gemeinschaft des Glaubens, die
den Glauben auch im Kult feiert, verliert die Weitergabe an die
kommenden Generationen ihre Überzeugungskraft. Der christliche Glaube kann und will öffentlich wirksam Gemeinschaft bilden und Welt gestalten.

Alois Glück wusste, dass diese christliche Prägekraft auch eine
lebendige und zeitgenössische Kirche braucht. Deswegen lag ihm

auch sehr daran, dass sich die katholische Kirche erneuert und verändert. Er hat für sein Engagement und seine offenen Worte manche Kritik gehört und ausgehalten, auch von Bischöfen. Und es hat ihn auch persönlich getroffen, wenn gerade in der Kirche ein liebloser und unwürdiger Ton herrschte. Letztlich hat sich Alois Glück etwa in seinem Engagement als Präsident des Zentralkomitees der deutschen Katholiken (ZdK) und für »Donum Vitae« nicht darin beirren lassen, für eine erneuerte Kirche aus dem Geist der biblischen Verkündigung zu arbeiten, um Positionen und Kompromisse zu ringen, verhartete Debatten aufzubrechen, Brücken zu bauen und Veränderung zu ermöglichen.

Das Lebens- und Glaubenszeugnis von Alois Glück führe ich hier als Beispiel auf für ein politisches, kirchliches und gesellschaftliches Engagement, das auch aus der Kraft der Seligpreisungen kommt. Es ist ein Zeugnis, das uns vor Augen führt, was fehlt, wenn Menschen wie Alois Glück fehlen. Und was fehlt und fehlen würde, wenn sich Menschen nicht auch aus der befreienden Botschaft vom Reich Gottes her einbringen. Dabei geht es nicht darum, dass es nur diese eine Motivation für ein wertgebundenes Engagement geben könnte, aber es gibt eben auch ein spezifisch christliches Momentum, das – so meine ich doch – nicht zu ersetzen wäre, und das immer wieder neu die Erfahrung braucht, dass es hier nicht um ein theoretisches Weltmodell geht, sondern um eine bereits angebrochene neue Wirklichkeit, die ihre Kraft aus der persönlichen Begegnung mit Gott im christlichen Kult zieht.

Spannung ausbalancieren – Unterbrechung suchen

Der christliche Kult ist nicht erratisches Symbol einer Sonderwelt und Parallel- oder Kontrastgesellschaft, sondern wirksames und wirkliches Zeichen des Reiches Gottes inmitten der real bestehenden Welt. Um das erfahren zu können, bedarf es einer Verwurzelung zugleich in der Tradition des Christentums und der Geschichte der Kirche wie auch in der ständig sich verändernden Menschheits- und Welterfahrung. Eine Auflösung dieser Spannungen in die eine oder andere Richtung wäre falsch und würde vor allem auch die Sakramente und die kultische Feier selbst kraftlos werden lassen.

Diese Spannungen auszubalancieren ist letztlich auch die größte Herausforderung in den aktuellen Diskussionen über den Weg der Kirche in unserer Zeit, die Bedeutung der Sakramente, das Zueinander von Glaubenszeugnis im Wort und Handeln und über die Bedeutung der Dienste und Ämter in der Kirche. Es sind diese und viele weitere wesentliche Fragen, die auch im Synodalen Weg der Kirche in Deutschland und im weltweiten synodalen Prozess ebenso wie in vielen anderen Ortskirchen auf der Agenda standen und stehen.

Meine Erfahrung ist jedenfalls über die Jahrzehnte meines kirchlichen Lebens noch stärker geworden, dass sich all diese notwendigen Debatten und Veränderungen zentral aus der gemeinsamen Feier des Glaubens, aus der tragenden und verbindenden Erfahrung der Glaubensgemeinschaft, aus der Erfahrung der Präsenz Gottes in der Feier der Eucharistie speisen können, die eben kein Gegeneinander von Positionen abbildet, keine Konkurrenzen präsentiert, keine Gegnerschaft zementiert, sondern über alle Unterschiede hinweg verbindet, weil eben Gott selbst der Grund unserer Gemeinschaft ist.

Es war nicht nur für mich, sondern für viele Synodale immer wieder eine sehr bedeutsame Erfahrung der Unterbrechung – gerade in den Phasen, in denen bei den Plenarversammlungen des Synodalen Weges markant diskutiert und auch gestritten wurde –, dass die geistlichen Begleiterinnen und Begleiter uns zum Gebet, zur Liturgie, auch zur Eucharistie und zur inneren Einkehr aufgerufen haben. Das Innehalten, das gemeinsame Beten und die persönlichen Glaubenszeugnisse haben unsere gemeinschaftliche Dynamik nicht aufgehalten, sondern uns immer wieder neue Wege erschlossen, uns neu zusammengeführt und unsere gemeinsame Suchbewegung bereichert. Und so geschieht es ja auch beim synodalen Prozess der Weltkirche.

8
»The rest is silence«

Nach der Uraufführung seines gewaltigen Orgelwerks »Himmelfahrt« in St. Ludwig in München sagte mir der Komponist Mark André: »Das Ziel meiner Musik ist die Stille.« Diese Aussage hat mich überrascht, aber je mehr ich darüber nachdenke, umso mehr verstehe ich sie. Nach dem Hören eindringlicher und auch lautstarker Musik kommt es letztlich darauf an, am Ende in einem Augenblick der Stille zu verweilen, um das Gehörte erfassen zu können. Töne, Melodien, Stimmen und auch die inneren Bilder klingen ja nach. Es stellt sich eine erfüllte Stille ein, die all das in sich trägt, was wir sinnlich aufgenommen haben. Einen solchen Moment kann man immer wieder erleben; für mich ereignet sich das gerade auch im Hören musikalischer Werke, die mich beeindrucken.

So erging es mir auch, als ich gemeinsam mit Freunden bei einem Besuch der Salzburger Festspiele 2024 ein Konzert der Symphonie Nr. 9 von Gustav Mahler durch die Wiener Philharmoniker unter Leitung von Andris Nelsons gehört habe. Am Ende dieser unglaublich beeindruckenden Aufführung war für einige Minuten absolute Stille im Raum und Nelsons faltete seine Hände. Erst danach brauste der Beifall des Publikums auf. Mein Eindruck war, dass das viele im Publikum wie einen religiösen Akt empfunden haben, wie ein Gebet.

Mir fällt in diesem Zusammenhang das berühmte Hamlet-Wort ein: »The rest is silence – Der Rest ist Schweigen«, das man wohl besser übersetzen müsste mit »Der Rest ist Stille«. Man kann das vielleicht nicht eins zu eins auf den christlichen Kult und die Feier der Liturgie übertragen, und ich will vergleichbare Erfahrungen, die Menschen zum Beispiel in Kunst, in Musik, in der Natur machen, keineswegs geringschätzen. Der Zugangsweg über die Sinnlichkeit des Menschen und über die Ästhetik ist so vielfältig wie Menschen sind. Das Spezifische des christlichen Kultes liegt für mich darin, dass es in dieser Feier auch darum geht, dass das, was wir Gott nennen, ein »Darüberhinaus« erahnen lässt. Die menschlichen Ausdrucksmöglichkeiten und -fähigkeiten sind unbedingt notwendig auch für die christlichen Kultfeiern. Was hinzukommt, ist Gott in seiner Selbstoffenbarung, also in dem, was er von sich kundgetan hat und kundtut in seinem Sohn Jesus Christus. Eckhard Nordhofen beleuchtet in seinem Buch »Corpora« die Bedeutung der Offenbarung unter einer medienkritischen Perspektive und beschreibt das radikal Neue des biblischen Monotheismus: »Dem nicht von Menschenhand und Menschengeist erzeugten Gott bleibt nichts anderes übrig, als selbst die Initiative zu ergreifen und sich zu offenbaren. Wichtig ist, dass alle Offenbarungsgeschichten mit dem Index des Entzugs und der Alterität versehen sind. Er ist einfach anders als alles, was man an Gottheiten bis dahin gekannt hatte.«[43]

Einfacher, mit Karl Rahner ausgedrückt: Gott bleibt absolutes Geheimnis. Das können wir mit menschlichen Möglichkeiten nicht auflösen, wir können uns dem nur jeweils annähern. Die Selbstoffenbarung Gottes ist keine erschöpfende Erklärung über das Wesen Gottes, die ein für alle Mal unveränderlich abrufbar und gespeichert wäre in der »Cloud Menschheitswissen«. Sondern Gott offenbart sich selbst, indem er uns ermöglicht, mit ihm in Beziehung zu treten. Gleichzeitig wird die Verborgenheit Gottes, das Geheimnis Gottes größer, je mehr wir uns nähern.

Deshalb ist das Momentum der erfüllten Stille von so außerordentlicher Bedeutung für jede Transzendenzerfahrung. In manchen spirituellen Ansätzen geht es dabei um eine Orientierung auf das Nichts, um ein inneres Leerwerden für das Nichts. Im christlichen Kult dient die Stille, die Leere nicht sich selbst, sondern bezieht uns ein in eine Begegnung. Für die Mystik ist dieser Ort der Stille, das »Nichts«, von großer Bedeutung. Bei Angelus Silesius (1624–1677) heißt es: Die Gottheit ist ein Nichts. Darin erfahren wir die Begegnung mit Jesus von Nazareth, der uns von Angesicht zu Angesicht Gott offenbart. Bei Teresa von Ávila (1515–1582), in deren Spiritualität die Haltung des »inneren Betens« ganz zentral ist, finden wir folgende Beschreibung: »(…) meiner Meinung nach ist inneres Beten nichts anderes als Verweilen bei einem Freund, mit dem wir oft allein zusammenkommen, einfach um bei ihm zu sein, weil wir sicher wissen, dass er uns liebt.«[44]

Lebensfülle suchen

Was bedeutet das für die Fragestellung, ob wir das Christentum noch brauchen? Unsere Welt scheint immer stärker geprägt durch einen umfassenden Funktionalismus und durch Selbstinszenierung, durch Patchwork-Wissen und Fake News, durch die Segmentierung von Lebenserfahrungen und die Abschottung von »Echo-Kammern«, durch eine Vervielfältigung von Wortmeldungen in allen möglichen (Sozialen) Medien, durch den Rhythmus der Schnelllebigkeit, und viele weitere Trends und Dynamiken. Wenn all dies in naher Zukunft (und auch jetzt schon!) etwa durch künstliche Intelligenz und »machine learning«, gelenkt durch sich selbst reproduzierende Algorithmen mit einer Machtkonzentration in der Hand einiger weniger Menschen, an Tempo, Unübersichtlichkeit und Gewinnmaximierung zunimmt, schränkt sich die gestal-

terische Kraft von Menschen immer weiter ein. Der Anpassungs-
druck an ein dem menschlichen Wesen »fremdes« Normsystem
kann das Menschsein selbst bedrohen. Das ist keine Dystopie, die
wir uns in düsterer Stimmung selbst zusammen fantasieren. Sondern das sind ja durchaus Szenarien, die die Menschheit in der Logik des kapitalistischen Gesetzes »höher, schneller, weiter« vor sich
hertreiben und zur Entfremdung des Menschen von sich selbst beitragen, und die viele Menschen besorgen, da diese Entwicklungs-
dynamik für die wenigsten transparent nachvollziehbar, übersicht-
lich und verlässlich ist.

Man könnte durchaus sagen, dass wir in einem »Zeitalter der Zer-
streuung« im weitesten Sinne des Wortes leben, der Zersplitterung
von Lebenserfahrungen, wo das Individuum auf sich selbst zurück-
gewiesen ist, was schwerwiegende Folgen für den Zusammenhalt
einer Biografie und auch einer Gesellschaft nach sich zieht. Aus an-
thropologischer Perspektive scheint es mir jedenfalls evident, dass
es auf Dauer schädlich ist, wenn das Menschsein zersplittert in in-
dividualistische Momente und in »Kleinstblasen« segmentiert, und
sich die Kommunikation untereinander immer weiter einschränkt.
Die Sozialwissenschaften stellen immer wieder heraus, wie sehr
eine Gesellschaft, die frei und damit vielfältig und vielgestaltig sein
muss, einen »common ground« braucht, an dem sie in gegenseitiger Anerkennung und im Respekt verschiedener Gruppen festhält. Hartmut Rosa bietet dafür den Begriff der »Resonanz« an, als
eine notwendige Beziehungsmöglichkeit, die aus dem gesellschaftlichen Aggressionsmodus herausführen kann: »Ich glaube, diese
Gesellschaft braucht die Rückbesinnung auf genau diese Fähigkeit
der Anrufbarkeit und die Erfahrung der entsprechenden ergebnis-
offenen Selbstwirksamkeit.«[45]
   Ein kapitalistisch unterlegtes Fortschrittsdogma führt jedoch
weg vom »common ground« hin zu Einzelinteressen und verstärkt

in der Folge Ungleichheiten zwischen Menschen, Gruppen und auch Nationen. Der Zusammenhalt und die gesellschaftliche Stabilität geraten unter Druck. Nicht von ungefähr sind Fragen nach Identität, Sicherheit, Integration und Migration Schlüsselthemen, ja sogar Reizthemen der Politik geworden, ohne dass darauf schon zukunftsweisende Antworten gefunden wären.

Auch wenn es den Eindruck machen könnte, als würde ich dem Kulturpessimismus oder einem Abgesang auf unsere Zivilisation Tür und Tor öffnen: Gerade das tue ich nicht! Ich gehe als Zeitgenosse nicht blind durch das Leben, sondern sehe und höre in zahlreichen Begegnungen von den Sorgen und Ängsten, von den Unsicherheiten und Zweifeln der Menschen. Ich nehme Beiträge verschiedener Wissenschaften und Ansätze wahr, die sich konstruktiv-kritisch mit den Entwicklungen und Megatrends unserer Gegenwart beschäftigen und die nach Lösungen suchen. In meinem Auftrag als Bischof, den ich nicht nur für die Mitglieder »meiner Kirche« verstehe, will ich aber Perspektiven entwickeln, die den Menschen Hoffnung geben können. Ich weiß sehr genau, dass mein Wissen und meine Fähigkeiten begrenzt sind, und ich allein in der Bibel und in der Tradition der Kirche nicht auf alles eine umfassende und abschließende Antwort finde. Und dennoch ist sie für mich eine unersetzbare Quelle, um das Leben zu verstehen, das Wort Gottes und seine Selbstoffenbarung in Jesus, die wir im Kult feiern.

Noch einmal: Es geht mir nicht um einen nostalgischen Rückblick auf eine schon soziologisch nicht mehr mögliche Epoche, in der ein kulturelles Milieu von Glaubensgemeinschaft und sozialer Gemeinschaft nahezu identisch waren. Sondern es geht darum, ob inmitten unserer pluralen, segmentierten und teilweise auch zerrissenen Welt der christliche Kult und die Kultgemeinschaft eine

Möglichkeit wirklicher Integration sein können. Eine Möglichkeit, unsere vielfältigen Erfahrungen im Augenblick einer erfüllenden Stille zusammenzuführen zu einem größeren Ganzen, das mehr ist als die Summe seiner Teile.

Für diese Integrationsleistung, die Lebensfülle anstrebt (vgl. Joh 10,10), sind nach meinem Dafürhalten zwei Elemente zentral: Das erste Element ist die innere Sammlung des Menschen, die Konzentration auf eine Mitte des Lebens als Kontrapunkt gegen eine Zersplitterung der eigenen Existenz. Hinzu kommt als zweites Element die Ermöglichung eines Miteinanders verschiedener Sprachen, Gruppen, Altersstufen, Schichten an einem gemeinsamen Tisch. Viele würden zustimmen können, dass wir das zum gesellschaftlichen Zusammenhalt brauchen. Ich bin überzeugt, dass der christliche Kult dafür einen Ort bietet, der ein Leben in verantwortlicher Freiheit ermöglicht, und der nicht abhängig ist von einem Verdienst, Status, Vermögen, sondern sich von einer Freiheit nährt, die aus christlicher Überzeugung im letzten Geschenk Gottes ist.

Das meint das Zweite Vatikanum damit, dass die Kirche Sakrament der Einheit zwischen Gott und den Menschen und der Menschen untereinander sein soll. Die Kirche soll ein sakramentales Zeichen für diese Einheit sein, die in der Feier der Eucharistie erfahrbar wird. Das ist der Überschwang, die Fülle, die der christliche Kult bieten kann. Wenn das nicht geschieht, wird unsere Kultfeier zum Ausdruck von Selbstgenügsamkeit einer kleinen, sich von der Gesellschaft abwendenden Gemeinschaft.

Eine Menschheitsfamilie

Auch in diesen Überlegungen wird deutlich, dass der christliche Kult keineswegs unpolitisch ist: Denn es geht um eine erneuerte Gemeinschaft der Menschen, die sichtbar wird. Jesus wollte keine exklusive Tischgemeinschaft, sondern er schreit ja geradezu heraus: »Kommt alle zu mir, die ihr mühselig und beladen seid! Ich will euch erquicken.« (Mt 11,28)

Ja, irgendwie geht es schon um die Idee einer klassenlosen Gesellschaft, die an einem Tisch versammelt ist, die den Lobpreis singt auf den Gott und Vater Jesu Christi und auf sein Befreiungshandeln an uns Menschen. So wird die Kirche Sakrament des Reiches Gottes als wirksames Zeichen für diese neue Welt. Darin erweist sie sich als »die wahre Kirche«, wie es Hermann Josef Pottmeyer formuliert.[46]

Die Horizonterweiterung, die der christliche Kult schaffen kann, beschränkt sich nicht auf die Hinwendung zur Transzendenz, auf eine versuchte Annäherung an das unsagbare Geheimnis Gottes. Es geht auch um eine Horizonterweiterung, die Papst Franziskus nicht zuletzt in seinen bedeutenden Schreiben »Evangelii gaudium«, »Laudato si'«, »Fratelli tutti« und »Laudate deum« entfaltet hat. Anliegen des christlichen Kultes ist es, die Einheit der ganzen Menschheitsfamilie zu bewirken, ebenso wie die Einheit allen Lebens im »gemeinsamen Haus der Schöpfung«. (LS)

9
Kult und Kunst

Religion und Kultur – oder anders gefasst: Kult und Kultur – sind seit den Anfängen Kennzeichen des Menschseins. Und diese Phänomene waren wohl auch nicht streng getrennt, sondern es lässt sich ein Zusammenhang behaupten.

Ein markantes Beispiel dafür ist der sogenannte »Löwenmensch«, den ich eingangs schon erwähnt habe. Auch Kultstätten weisen auf die Verbindung von Kultur und Kult hin, ebenso wie Funde von Höhlenzeichnungen deutlich machen, dass Menschen seit jeher versucht haben, sich zu sich selbst und ihrer Gemeinschaft in Bezug zu setzen ebenso wie nach Transzendenz zu suchen und nach dem Ursprung der Welt, nach dem Ursprung all dessen, was ist. Neil MacGregor illustriert und verdeutlicht diese Zusammenhänge auf ganz wunderbare Weise in seinen Büchern »Leben mit den Göttern« und »Eine Geschichte der Welt in 100 Objekten«.

Ein weiteres Element, das als Charakteristikum des Menschseins gilt, ist die komplexe und variable Sprach- und Sprechfähigkeit. Religiöse Kulte und Kultur in all ihren Erscheinungsformen der Künste gehören zusammen. Weder Kult noch Kultur scheinen auf den ersten Blick (über)lebensnotwendig zu sein, so dass man sagen könnte, beide Dimensionen gehören zur »Welt des Nutzlosen« und entziehen sich unmittelbarer Verwertbarkeit und Instrumentalisierung. Aber, wie schon ausgeführt, ist ja gerade das Nutzlose notwendig, ja sogar überlebensnotwendig!

Kirche und religiöser Kult sind nicht vorstellbar ohne die Ausdrucksformen der Kultur: Musik, bildende und darstellende Kunst, Architektur, Literatur. Vergessen wir nicht: Auch die Bibel ist große Literatur! Wenn diese Wechselseitigkeit, die auch spannungsvoll sein kann, erodiert, verarmen Kult und Kultur. Denn beide Dimensionen ergänzen sich in der ihnen innewohnenden Entgrenzung der quantifizierbaren, messbaren und verwertbaren Wirklichkeit hin zu einem Suchen und Sehnen, das sich nach Unendlichkeit und Ewigkeit ausstreckt. In der Theologie nennen wir das Transzendenz-Erfahrung. Kult und Kultur sind beide charakterisiert durch ihre unterbrechende und durchbrechende Einwirkung auf das Alltägliche, durch die Erfahrung der Alterität, des ganz Anderen. Transzendenz und Alterität lassen die unmittelbare Lebenswirklichkeit in einem anderen Licht erscheinen, können hindurchstrahlen und einen unendlichen Horizont aufzeigen.

Eucharistie: auch ein ästhetisches Ereignis

Der christliche Kult, insbesondere die Eucharistie, ist eine konkret sichtbare, ganz reale und auch soziologisch feststellbare Tischgemeinschaft, die aber nicht der Selbstgenügsamkeit halber »veranstaltet wird«, sondern als Feier des Pascha-Mysteriums auf den Horizont Gottes zugeht. Deshalb können auch die ästhetischen Ausdrucksformen und Elemente dieser Feier nicht einfach Alltägliches wiederholen, sondern brauchen eine Formsprache, die das Immanente durchbricht. Diese Formsprache finden wir in der Kultur und in den Künsten.

Gerade die lateinische Kirche hat immer wieder im Lauf der Geschichte nach neuen Ausdrucksformen gesucht, die Kultur integrieren. So hatte sie etwa keine Hemmungen, den Kirchbau immer wieder neu zu denken und zu gestalten, auch bestehende Kirchen abzureißen und in einer erneuerten Architektur aufzubauen oder zu überbauen, bisherige Kunstwerke zu entfernen und durch je zeitgenössische zu ersetzen. Das gilt genauso für die Musik und die bildende Kunst. Schon deshalb passt ja die Linie eines reinen Traditionalismus in der Liturgie nicht zum realen Weg der Kirche durch die Geschichte hindurch. Die »ecclesia semper reformanda«, also die Kirche, die sich ständig reformiert, bildet sich auch in der kultischen Feier der Glaubensgemeinschaft ab. Auch eine kultische oder liturgische Entwicklungsverweigerung ist unangemessen im Blick darauf, dass die Kirche immer die Verknüpfung mit der konkreten Erfahrungswelt suchen muss.

Es ist sehr gut, dass auch in der Kirche die Sensibilität und Offenheit für alle Kulturräume der Welt stetig wächst. Dazu tragen vor allem die kritischen Debatten über kulturelle Aneignung, über Kolonialismus und über westliche Dominanz bei. Und es soll gar nicht verschwiegen werden, dass auch das manifeste Überlegenheitsgefühl des christlich geprägten Westens andere Kulturräume unterdrückt, ausgebeutet und zerstört hat. Ich würde sogar sagen, dass diese Dominanz noch nicht ganz vorbei ist. Umso wichtiger ist es, dass diese Debatten geführt werden, um dem Eigenwert aller Kulturräume, der sich in ihren Artefakten und ihren künstlerischen Ausdrucksformen zeigt, mit Respekt und Wertschätzung zu begegnen. Die Zugänge der Menschen zu Kultur und Kult sind vielfältig. Aus der Verschiedenheit entspringt noch keine Überlegenheit.

Wir dürfen immer wieder erstaunt und fasziniert davon sein, was im Bereich von Kunst und Kultur aus und mit christlicher Prägung entstanden ist. Und ebenso dürfen wir davon fasziniert sein, wie sich Kirche und der christliche Kult von der sie umgebenden Kultur und Kunst haben inspirieren lassen. Jörg Lauster hat das in wirklich großartiger Weise in einer Kulturgeschichte des Christentums herausgearbeitet unter dem Titel »Die Verzauberung der Welt«.

Nach dem Selbstverständnis der Kirche ist die Feier der Eucharistie »Quelle und Höhepunkt des ganzen christlichen Lebens« (LG 11). In der kultischen Tischgemeinschaft derer, die daran glauben, dass Jesus Christus gestorben und auferstanden ist, dass er lebt und gegenwärtig ist, dass er Anteil gibt an seinem Leben in den Gaben von Brot und Wein, vollzieht sich die Gemeinschaft mit Gott. Das ist immer auch ein ästhetisches Ereignis, was einen entsprechenden Anspruch insbesondere an die liturgischen Vorsteher impliziert. Deshalb sollten in besonderer Weise die Priester als Vorsteher des Kultes eine hohe Sensibilität für Kunst und Kultur haben, die Kunstwerke und den Kult der Kirche anderen erschließen können, die Ästhetik und Sinnlichkeit von Musik und Architektur vermitteln können, und eine hohe Aufmerksamkeit auf die Sprache der Gottesdienste legen. Auch eine Aufnahmefähigkeit und Beschäftigung mit Literatur gehört dazu, so wie es Papst Franziskus in einem bemerkenswerten Brief im Juli 2024 geschrieben hat.[47]

Keine bloße Inszenierung

Vor einer Versuchung möchte ich aber auch warnen: Kunst und Kultur sind nicht nur dekorative Elemente zur Verschönerung oder Ästhetisierung der Liturgie. Sie sind wichtige und selbstständige menschliche Ausdrucksformen, die sich auch in Dienst nehmen lassen durch das Wort Gottes, durch die Offenbarung Gottes und die frohe Botschaft der Evangelien. Zugleich lassen ja auch die biblischen Texte, auch die Evangelien, Raum für das Ungesagte, für einen »Überschuss«, der sich nicht in Worte fassen lässt. Deswegen heißt es ja im Johannes-Evangelium in der Abschiedsrede

Jesu: »Das habe ich zu euch gesagt, während ich noch bei euch bin. (…) Der Beistand aber, der Heilige Geist, den der Vater in meinem Namen senden wird, der wird euch alles lehren und euch an alles erinnern, was ich euch gesagt habe.« (Joh 14,25 f.) Daraus ergibt sich auch ein beständig weitergehender Lernweg der Kirche, der sich auch in der Entwicklung der Liturgie, in der Veränderung des christlichen Kultes ausdrückt und in der je zu erneuernden poetischen Sprache der Liturgie.

Kunst und Kultur sind nicht bloße »Inszenierung«, sondern Teil der »Repräsentation«, die im christlichen Kult vollzogen wird. Ich denke hier auch an eine literarische Szene in dem Roman »Paradies verloren« von Cees Nooteboom. Zwei Frauen – Alma, für die seit ihrer Vergewaltigung die Welt mehr Hölle als Paradies ist, und Almut – erinnern sich daran, wie sie in den Uffizien in der Verkündigung von Botticelli versinken: »Es ist totenstill, der Engel ist gerade angekommen (…) Die Frau blickt ihn nicht an, sonst sähe sie die Angst, die zur Ehrfurcht gehört. Ich glaube, die meisten Menschen denken nie über den Wahnwitz dieser Botschaft nach. Ein geflügelter Mann (…) überbringt eine Botschaft aus einer Welt, die Millionen von Meilen entfernt ist und gleichzeitig ganz nah, in der es weder Zeit noch Entfernung gibt, in einer Welt, die sich nun in dieser Frau eingenistet hat. Ich weiß nicht, was das Göttliche ist, oder, besser gesagt, ich könnte es nicht beschreiben, ich weiß nicht, wie Menschen die Berührung mit dem Göttlichen ertragen können, ich bezweifle, dass das geht. Wenn es doch geschieht, sieht es aus wie auf diesem Bild. ›Glaubst du denn den ganzen Unsinn?‹ Natürlich musste Almut das fragen. ›Nein, aber auf diesem Bild ist es wahr. Darum geht es.‹ Dass im selben Moment draußen das Angelusläuten ertönte, auch darum geht es natürlich. Manche Geschichten haben die Kraft, noch nach zweitausend Jahren in einer Welt der Computer Glocken zum Läuten zu bringen, und das wusste Botticelli.«[48]

Im Bild ist es wahr. Darum geht es. Ähnlich formulierte es einmal der Dirigent Enoch Freiherr zu Guttenberg, der in einem Interview über seine Glaubenszweifel sprach und dann hinzufügte: »Wenn ich Bach spiele, bin ich gläubig.«

»A chapel for Luke«

Dass Kunst immer wieder und je neu Zugang schaffen kann zur Sphäre des Religiösen merken wir am anhaltend großen Zuspruch, den das Diözesanmuseum auf dem Domberg in Freising erhält. Der Domberg in Freising markiert die Gründung der Diözese vor 1300 Jahren. Über all die Jahrhunderte zeigt sich hier eine wechselhafte Geschichte des Verhältnisses von Kirche, Gesellschaft, Kunst und Kultur. Kirche ist auf dem Domberg unübersehbar präsent durch den Dom und war stets sichtbar und wirksam in ihrem Streben nach Macht und politischer Einflussnahme. Es ist auch ein Ort, an dem seit fast 7000 Jahren Menschheitsgeschichte ihre Spuren hinterlassen hat. Der Sammlungsbestand des Museums, das zu den größten religionsgeschichtlichen Museen weltweit gehört, umfasst mehr als 40 000 Objekte aus allen Bereichen kirchlicher Kunst und Kultur, der beständig weitergeführt wird. Es bewahrt und erschließt nicht nur Kunst und Kultur der Vergangenheit, sondern sucht ebenso den Dialog mit der Kunst und Kultur der Gegenwart.

Eines der neuen zeitgenössischen Hauptwerke des Museums ist der Ganzfeldraum des amerikanischen Lichtkünstlers James Turrell, der in Anlehnung an die bedeutendste byzantinische Ikone in der Sammlung des Diözesanmuseums – das sogenannte Freisinger Lukasbild (um 1400) – den Titel trägt: »A CHAPEL FOR LUKE and his scribe Lucius the Cyrene, 2022«. Turrell beschäftigt sich in seinen Arbeiten mit Licht und Raum. Beim Betreten des Raumes in Freising erlebt man ein Licht, das die Grenzen des Raumes und die Tiefenwahrnehmung auflöst, was zu einem anderen »Raumgefühl«, zu neuen äußeren und inneren Perspektiven führt und einen regelrecht meditativen Effekt hat. Über das Verhältnis von Kunst und Religion hat Turrell einmal sinngemäß gesagt, dass bei aller Verbindung zum Spirituellen Kunst doch eine universellere Sprache spricht als die Religionen. Das verstehen wir nicht nur im Diözesanmuseum als Aufforderung, uns anschlussfähig einzubringen, um Menschen zu inspirieren und die Freiheit Gottes zu verkünden.

»Mary's Mantle Chapel«

Das zeigt auch die »Mary's Mantle Chapel« der amerikanischen Künstlerin Kiki Smith, die 2023 nach Entwürfen der Architekten Brückner & Brückner auf dem Domberg Freising realisiert und von mir eingeweiht wurde. Kiki Smith setzt sich in ihren Arbeiten mit den existenziellen Fragen des Menschseins auseinander, viele ihrer Werke sind auch von christlicher Ikonographie und religiösen Erzählungen inspiriert; sie sagt: »Ich habe so die Theorie, dass der Katholizismus und die Kunst gut zusammenpassen, weil beide an die körperliche Manifestation der geistigen Welt glauben – dass man durch die materielle Welt ein spirituelles Leben hat (…)«[49]

»Mary's Mantle Chapel« ist der Schutzmantelmadonna gewidmet und ein Ort der Stille und Zuflucht, ein Ort der Kontemplation geworden. Die Kunstwerke von Kiki Smith in diesem Raum reflektieren das Licht, das durch Fenster und Tür hineinfällt: der von der Decke schwebende Vogel aus Aluminium, vergoldet mit Weiß- und Gelbgold; das Geflecht von schimmernden Sternen in weißer Bronze; die Taube auf dem Dach aus Bronze, überzogen mit hochkarätigem Gold. An einem Haken in der Wand hängt ein gewebter blauer Mantel, der für die Gottesmutter Maria steht, der ebenfalls ein Bild des Lichts ist. Der Vollmond, gemalt auf Glas in der ovalen Öffnung, verleiht dem Raum eine mystische Aura. All diese Kunstwerke sind für Kiki Smith mit ihrer katholischen Prägung verbunden. Der Schutzmantel Mariens ist wie eine Bitte und ein Anruf, uns in ihren Mantel zu hüllen, und unser Mitgefühl und unsere Empathie handeln zu lassen. Es ist ein Angebot, uns verwandeln zu lassen in der Begegnung mit Maria.

Für mich als zuständigen Erzbischof sind die nicht unerheblichen finanziellen Mittel, die wir für Museum und Domberg aufbringen, eine Investition in die Zukunft der Kirche. Das Diözesanmuseum ist eben nicht nur Rückschau, sondern Dialog mit den Menschen von heute, Zeichen einer Kirche inmitten der Welt. Der Zuspruch der Menschen zeigt das überdeutlich. So kann und muss Kirche sein: alt und neu, offen und dialogbereit, auch verstörend und widerständig, und letztlich tröstend und voller Hoffnung.

Inspiration für Zukünftiges

Braucht unsere Gesellschaft solche Erfahrungen von Kunst, Kultur und Kult? Haben wir notwendige Räume für das vordergründig Nutzlose? In der Zeit der Corona-Pandemie waren diese kritischen Anfragen sehr deutlich vernehmbar. Insbesondere für alle Kunst- und Kulturschaffenden bedeutete die Pandemie mit den einschränkenden Folgen eine Existenzbedrohung, sowohl in materieller Hinsicht als auch, weil in besonderer Weise die Möglichkeit eingeschränkt oder zum Teil ganz genommen wurde, sich in der ihnen je eigenen künstlerischen und kulturellen Form auszudrücken. Auch die christlichen Kirchen, ebenso wie alle anderen Religionsgemeinschaften, waren in der Pandemie ihres zentralen Kultes in gewisser Weise beraubt. Ja, es gab gute Gründe, die Möglichkeit der Feier öffentlicher Gottesdienste extrem einzuschränken. Und ja, es haben sich nach einer Zeit der Erstarrung auch vielfältige neue Formate entwickelt, die dem Bedürfnis der Menschen nach religiöser Gemeinschaft, nach einer Hoffnung spendenden Kultfeier, entgegenkommen. Und doch war es kein ausreichender Ersatz. Auch diese Erfahrungen haben gezeigt, dass sich die Feier des liturgischen Kultes, insbesondere die Eucharistie, aber auch die Spendung der Sakramente, nicht umfassend medial »ersetzen« lassen, weil eben die real zusammengeführte Gemeinschaft, die konstitutiv ist für die Gegenwart Gottes, nicht einfachhin wegfallen kann.

Es ist in dieser globalen und für viele Menschen existenz- und lebensbedrohenden Pandemie deutlich geworden, dass eine zu kurz gefasste Systemrelevanz nicht hinreicht, um zu verstehen und zu erfüllen, was Menschen für ihr Leben wirklich brauchen. Kunst und Kultur, Religion und Kult wurden plötzlich als nicht systemrelevant bewertet. Und im Sinne eines unmittelbar verwertbaren Beitrags in medizinischer, hygienebiologischer oder sicherheitsrelevanter Sicht mögen sie es auch nicht sein. Man kann auch leben, ohne je ein Gebet gesprochen zu haben. Man kann sein Leben führen, ohne je Mozart gehört oder ein Bild von Picasso gesehen zu haben. Und dennoch wissen wir, dass es einen unersetzbaren Beitrag dieser nicht-systemrelevanten Dimensionen gibt zum Zusammenhalt der Gesellschaft, zur Bereicherung des individuellen Lebens, zur Entwicklung der Welt und der Menschheit. Und das nicht nur als dekoratives Element für das private Leben, sondern mit öffentlicher Wahrnehmbarkeit und gesellschaftlicher Präsenz. Denn Christentum und Kirche sind keine Museen, die sich damit begnügen könnten, Vergangenes zu sammeln und zu bewahren, sondern Räume geschenkter Inspiration für Zukünftiges.

10
Kirche als Sakrament – ein klares Profil

Kirche ist Kult! Bei vielen wird diese Formulierung Befremden oder auch Widerstand hervorrufen. Zum einen, weil das Wort Kult selbst schon ein gewisses Irritationspotenzial hat. Und da, wo Kult im Sinne von Renommee, Hochschätzung und auch einem gewissen Fan-Sein ein positiver Begriff ist, wird das nicht unbedingt mit Kirche verbunden. Zum anderen sagen die empirischen Daten augenscheinlich etwas anderes: Die Mitgliedschaft in der Kirche ist für viele eben nicht (mehr) verbunden mit einer regelmäßigen Teilnahme an der Eucharistie, also am österlichen Auferstehungskult. Die österliche Kultfeier ist auch Grundlage für alle anderen Sakramente, die die Kirche feiert: für Taufe, Buße, Eucharistie, Firmung, Krankensalbung, für die Priesterweihe und das Ehesakrament. Wir verstehen sie katholisch als wirksame Zeichen. Im Zentrum stehen die Taufe, die, im Sinne von Ostern, den Beginn des neuen Lebens in einer neuen Gemeinschaft bezeichnet, und die Eucharistie, also die Feier von Tod und Auferstehung. Von dieser Feier, die Gemeinschaft – communio – stiftet, speist sich das ganze kirchliche Leben.

Ja, ich weiß, dass die Realität oft anders aussieht und die sonntägliche gemeinsame Eucharistiefeier längst nicht mehr als selbstverständlich gilt und nicht immer als Kraftort erfahrbar wird. Das war auch in früheren Zeiten nicht anders. Die statistischen Erhebungen der DBK und auch die KMU weisen aus, dass die Anzahl der Teilnehmenden und die Frequenz der aktiven Teilnahme an dieser

Kultgemeinschaft eher zurückgehen, auch bei den Menschen, die weiterhin formell Mitglied der Kirche sind.

In diesem zentralen Erfahrungsfeld des Kircheseins fallen also Anspruch und Praxis weit auseinander. Für die langfristige Perspektive auf die Bedeutung des Christentums und der Kirche muss diese Tendenz meines Erachtens sehr beunruhigen. Immer wieder erstaunt es mich, dass das theologische Selbstverständnis von Kirche als stark und unangefochten behauptet wird, ohne diese Diskrepanz wahrzunehmen und sie auch theologisch und pastoral zu bedenken. Die eigentliche Existenzkrise der Kirche ist das Auseinanderfallen von Kultgemeinschaft und Kirchenmitgliedschaft. Ohne Zweifel bedeutet jeder einzelne Kirchenaustritt für die Glaubensgemeinschaft einen enormen und unersetzbaren Verlust: denn es geht um jeden einzelnen Menschen, der der Gemeinschaft fehlt. Wenn ich aber – einmal rein statistisch gesprochen – nur auf die Quantität schaue, dann geht es letztlich nicht um die Gesamtsumme der Kirchenmitgliedschaften, sondern die zentrale Bedeutung erweist sich daran, ob die Glaubensgemeinschaft im Kult sichtbar das neue Leben feiert und ihr Zeugnis dadurch in die Welt hinein ausstrahlen kann. Mit anderen Worten: ob sie ein Zeichen ist für eine neue Welt und etwas zu sagen hat für alle Menschen. Die Kirche (und auch das Christentum) wird nicht überleben nur in caritativen Einrichtungen und Bildungsinstitutionen, sondern braucht unabdingbar die Erfahrung der lebendigen Gemeinschaft des österlichen Auferstehungskultes, die das Herz des ganzen »Unternehmens« ist. Jede wie auch immer geartete Erneuerung und Transformation der Kirche muss das im Blick behalten. Das Leben der Kirche erschöpft sich nicht, aber verdichtet sich im sakramentalen Leben der Glaubensgemeinschaft. Das Herzstück ist die Feier der Eucharistie am Sonntag. Dieses Herzstück aufzugeben, führt über kurz oder lang zur Selbstaufgabe der Kirche und wird schließlich das Christentum in die Agonie führen. Anlässlich des 75-jährigen Bestehens des Deutschen Liturgischen Institutes 2022 hat die Generalsekretärin der DBK, Beate Gilles, in der Festrede auch auf diesen Befund und diese Gefahr deutlich hingewiesen: »Gottesdienst sollte als Spiegel der Situation unserer Kirche viel stärker im Blick sein. Unsere Liturgie ist ein Zeitzeichen, und wenn wir heute auf den Gottesdienst schauen, dann wird die Krise, dann wird die Entfremdung zwischen Kirche und Gläubigen sichtbar. Wenn heute viele Gläubige ganz aus der Kirche austreten, dann sind sie oft sehr viel früher schon aus dem Gottesdienst ausgezogen. Hier hätten bei uns bereits viel früher die Alarmglocken schrillen müssen.«[50]

Zeichen und Werkzeug inmitten der Welt

Im Zweiten Vatikanischen Konzil hat die Kirche betont, dass sie selbst als Ganze Sakrament ist, eine sakramentale Wirklichkeit: wirksames Zeichen für die Einheit zwischen Gott und Menschen und für die Einheit der Menschen untereinander. Aber das kann und darf nicht nur behauptet werden, sondern muss erfahrbar werden und sich zeigen. Nicht die Aussage selbst ist schon überprüfbar hinsichtlich ihrer Bedeutung, sondern erst die Praxis ermöglicht Überprüfbarkeit und lässt womöglich Wirksamkeit messen.

In einer stärker säkularen Welt wahren gerade die Kirchen, die Pfarreien und viele andere kirchliche Gemeinschaften die Orte, an denen Zeichen und Wunder das Leben erschließen können, an denen die Alltagswelt durchbrochen wird im Horizont einer neuen Wirklichkeit. Diese Dimension der Transzendenz, des Über-Schreitens, ist im Selbstverständnis der Kirche nicht nur ein Wunschtraum, eine Utopie, sondern wird als reale Gegenwart dargestellt und geglaubt. Poetisch gesprochen: Das ist der Ort, an dem Himmel und Erde sich berühren.

In der sonntäglichen Eucharistiefeier und in der Feier aller Sakramente kommen Menschen nach wie vor in Berührung mit einer Sprache, einer Bildlichkeit, einer sakramentalen Poesie, die ihre Alltagserfahrungen durchbricht, erweitert und vertieft, die tröstet und befreit. Und darauf kommt es an. Ich bin überzeugt, dass diese Orte weiterhin wichtig und notwendig bleiben, nicht nur im Blick auf die Gesellschaft insgesamt, sondern auch im Blick auf das konkrete gesellschaftliche Miteinander vor Ort in unseren Dörfern und Städten. Darin stecken allerdings auch die Herausforderung und der Anspruch, der sich an die Kirche selbst richtet: Sind wir, was wir (theologisch) behaupten: ein Leib, der Leib Christi für alle? Und wie können wir diese Wirklichkeit immer wieder erneuern? Wie sind wir lebendige Gemeinschaft, die kraftvolle Gottesdienst feiert, die sich in unserem Leben auswirken, so dass andere, die unseren Glauben vielleicht nicht teilen, dennoch sagen können: Wir sind zwar keine Christinnen und Christen, aber es ist gut, dass es euch gibt. Wir wollen auf euren Beitrag in unserem gesellschaftlichen Miteinander nicht verzichten; ihr haltet Zeichen und Worte bereit, die sonst niemand hat.

Etwas pointiert formuliert, könnte man zwei Modelle einander gegenüberstellen, was ich ja bereits thematisiert habe: Wollen wir kreative Minderheit oder soziokulturelle Endmoräne sein? Und auch das will ich nicht falsch verstanden wissen: Ich ziele keineswegs an, dass wir zahlenmäßig eine Minderheit werden, aber ich negiere zugleich auch nicht die statistisch erfassbare Wirklichkeit. Ich will jedenfalls nicht Teil einer nur auf sich selbst bezogenen und selbstgenügsamen Blase oder Parallelgesellschaft sein, die die ach so furchtbare Gegenwart und die Gottvergessenheit dieser Zeit beklagt und die Schuld dafür anderen in die Schuhe schieben will.

Umfassende gesellschaftliche Entwicklungen wie die Säkularisierung lassen sich nicht einfach aufhalten oder umkehren. Und wir können und dürfen sie auch nicht negieren oder als grundsätzlich schlecht verurteilen. Doch in diesen geschichtlich verlaufenden Prozessen präsent zu bleiben als Zeichen und Werkzeug inmitten der Welt und für die Welt, darauf kommt es jetzt an. Für diejenigen, die sich zur christlichen Kultgemeinschaft zählen, für die Mitglieder der Kirche muss allerdings auch immer wieder deutlich werden, dass die Gemeinschaft des Glaubens eine Horizonterweiterung und eine Vertiefung des Lebens ist, ein »Plus« bedeutet. Und das sollte im Gottesdienst erfahrbar sein. Minderheit und Mehrheit sind in einer offenen, pluralen Gesellschaft vielleicht nicht die richtigen Begriffe, denn was wäre *die* Mehrheit? Die moderne Gesellschaft ist eher eine Ansammlung vieler Minderheiten und da sind die Kirchen doch noch recht groß.

Zeichen und Einladung für alle – auch heute

Die Eschatologie ist die Lehre von den letzten Dingen: Tod, Gericht und Auferstehung. Nach meiner Überzeugung ist eine Erneuerung der präsentischen Eschatologie erforderlich, die deutlich macht, dass das Reich Gottes jetzt und hier angebrochen ist, dass also diese neue Welt Gottes schon anfanghaft präsent ist. So hat Jesus auch seine Verkündigung vom Reich Gottes verstanden. Nur auf das ewige Leben zu verweisen, das wir gewinnen könnten, wenn wir bestimmte Anforderungen erfüllen würden, kann nicht überzeugen und entspricht auch nicht der Reich-Gottes-Botschaft Jesu. Jeder Anflug einer Geschäftsbeziehung mit Gott, einer Art Tauschhandel – ich gebe Gott etwas, dann bekomme ich von Gott etwas zurück – ist falsch und muss durchbrochen werden. Das neue Leben, das ewige Heil erwerbe ich nicht durch das Abarbeiten eines Leistungskatalogs. Sondern wir müssen als Glaubensgemeinschaft und auch in der Theologie neu deutlich machen können, welchen

Weg des Heils, der Befreiung und des Trostes das Christentum jetzt bedeutet. Die Aufgabe ist uns auf die Agenda gesetzt, jetzt die Zeichen des Reiches Gottes zu sehen und zu vollziehen. »Kennzeichen der wahren Kirche«, wie es Hermann Josef Pottmeyer darstellt, sind »jene Zeichen des Reiches Gottes (…), welche das Neue Testament für die Verkündigung und Praxis Jesu, der Apostel und der neutestamentlichen Gemeinden bezeugt. (…) Im Selbstverständnis der Kirchen finden wir also jenes Maß, dem sich diese Kirchen selbst unterwerfen und an dem sie auch auf ihre Wahrheit hin zu messen sind.«[51]

Jesus spricht in Gleichnissen zu den Menschen, in Bildworten und Vergleichen. Er verkündet keine Doktrin, keine Gesetze, keinen fest umrissenen Lehrkanon; jedenfalls ist es nicht das, was uns die Evangelisten weitergeben. Auch zu seinen ausführlichen Reden wie der Bergpredigt gehören Gleichnisse aus dem realen Leben und Heilungen. Jesus redet wie einer, der etwas zu sagen hat und dem auch die Vollmacht gegeben ist, vom Reich Gottes zu reden. Jesus hat etwas, das wir heute wohl als Glaubwürdigkeit bezeichnen würden. Die Menschen können seine Worte verstehen und erleben seine Predigt und sein Handeln insgesamt als eine authentische und neue Art, über Gott und sein Wirken zu sprechen. Und genau dieses Neue, das seine Botschaft auszeichnet und attraktiv macht vor allem für Menschen in Leid und Not, zieht immer mehr Menschen an, wie es im Lukas-Evangelium beschrieben wird: »Bei Tagesanbruch verließ er die Stadt und ging an einen einsamen Ort. Aber die Menschen suchten ihn; und sie kamen zu ihm hin und wollten ihn festhalten, damit er nicht von ihnen wegginge.« (Lk 4,42)

Jesus macht immer wieder deutlich, dass das Reich Gottes wirklich angebrochen ist, dass es keine Jenseitsvertröstung ist, sondern dass es jetzt nahe und wirksam ist: »Die Zeit ist erfüllt, das Reich Gottes ist nahe. Kehrt um und glaubt an das Evangelium!« (Mk 1,15) Jesus, der als gläubiger Jude die Heilszusagen des Alten Testamentes kennt, macht in seinen Zeichenhandlungen, in Heilungen und Wundern für die Menschen unmittelbar deutlich, was es bedeutet, dass das Reich Gottes in seiner Person angebrochen ist. Als die Jünger des Johannes, der im Gefängnis ist, Jesus fragen: »Bist du der, der kommen soll, oder sollen wir auf einen anderen warten?«, antwortet er ihnen ganz eindeutig: »Geht und berichtet Johannes, was ihr hört und seht: Blinde sehen wieder und Lahme gehen; Aussätzige werden rein und Taube hören; Tote stehen auf und den Armen wird das Evangelium verkündet.« (Mt 11,3-5) Mit meinen Worten: Was wollt ihr noch? Ihr seht: Das Reich Gottes ist da, denn Menschen erfahren Heil in ihrem Leben, Sünden werden vergeben, das überlebensnotwendige Brot reicht für alle, es gibt Hoffnung für die Sterbenden und unzerstörbares Leben für die Toten, Arme und Aussätzige werden in die Gemeinschaft integriert. Aufgrund der neutestamentlichen Aussagen zum Reich Gottes hält Christoph Böttigheimer fest: »Reich Gottes ist eine Beziehungswirklichkeit; es ist dort, wo Gott anerkannt und sein Sein zur inneren qualitativen Auswirkung kommt und so zur bestimmenden Macht für die Geschöpfe und die geschöpflichen Verhältnisse wird. Das Reich Gottes ist als das Ankommen und Wirksamwerden der Wirklichkeit Gottes zu denken, als die neue, von der Präsenz Gottes bestimmte Schöpfung, als jenes Reich, in dem Gott selbst Wohnung nimmt.«[52] Und das geschieht eben im Präsens, jetzt.

Jesu Verkündigung ist sakramental, denn in seinen Zeichenhandlungen und Begegnungen mit Menschen, auch in den Mahlgemeinschaften, wird erfahrbar, was die Rede von Gott und vom Reich Gottes bewirkt: Es ist, was es bezeichnet. Dass das Reich Gottes schon angebrochen ist, relativiert nicht die Hoffnung angesichts des Todes und dass unser Leben und Sterben insgesamt geborgen sind in der Gemeinschaft mit Gott. Die dialektische Spannung von »schon jetzt« und »noch nicht« ist zentral für die neutestamentliche Verkündigung des Reiches Gottes: Sie hält die Hoffnung auf das Kommende aufrecht, ohne das gegenwärtig nahe Heil zu relativieren, und umgekehrt. Jesus beabsichtigt, die jetzt konkret erfahrbare Welt in ein neues Licht zu stellen und neue Möglichkeiten des Lebens sichtbar zu machen. Durch seinen Tod und seine Auferstehung ist diese frohe Botschaft endgültig ratifiziert, und die Kirche steht im Auftrag, dies sakramental zu leben und so Zeichen der Hoffnung in der Geschichte der Menschheit zu sein.

Der Ausgangspunkt kirchlichen Lebens und auch kirchlicher Lehre muss immer sein, dass wir als Christen und als Kirche nicht für uns selbst da sind, sondern Zeichen und Einladung für alle Menschen. Dass unsere Welt sich beständig verändert und es eben nicht mehr selbstverständlich ist, an Christus glauben zu können, entbindet uns aber nicht von dieser Sendung, sondern fordert uns stets neu heraus! Tomáš Halík legt in seinem Buch »Der Nachmittag des Christentums« einen Ansatz vor, dem ich mich sehr verbunden fühle. Auch seine Hypothese teile ich ganz und gar, »(…) dass der christliche Glaube den bisherigen Formen von Religion entwachsen ist und dass die Versuche, ihn in eine der früheren Formen einzuzwängen, kontraproduktiv sind. Auch für den lebendigen Fluss der Geschichte und den Strom der Tradition (…) gilt der Satz, dass ›niemand zweimal in denselben Fluss steigen kann‹.«[53]

11
Kirche sein in neuer Qualität

Wenn wir der Überzeugung sind, dass das Zeugnis des Evangeliums unersetzbar und gut ist für die Welt und die Menschen – und davon bin ich überzeugt –, dann sind wir auch verpflichtet, das uns mögliche Beste zu tun, um das Evangelium so zu bezeugen und das neue Leben in jeder Eucharistie so zu feiern, dass es im Leben der Menschen ankommen kann. Wir müssen uns immer wieder neu den Veränderungen der Welt stellen und dabei auch stets die Qualität unserer Arbeit verbessern. Ich weiß, dass dieses Wort »Qualität« einen säkularen Klang hat und nicht unbedingt als religiöses Wort vernommen wird. Aber deshalb ist es ja noch nicht unangemessen, davon zu sprechen und einen Qualitätsmaßstab zu setzen. Die Kirche ist immer auch eine konkrete soziale menschliche Gemeinschaft und alle ihre Realitäten, Äußerungen, Institutionen können entsprechend bemessen, bewertet und überprüft werden. So wie ja alle Prinzipien der Katholischen Soziallehre auch auf die Sozialgestalt der Kirche selbst anwendbar sind. Kirche mitten in der Welt zu sein beschränkt unsere kirchlichen Handlungsmöglichkeiten nicht, sondern setzt Impulse für Veränderungen. Deswegen greifen wir auch als kirchliche Verantwortliche auf Erkenntnisse, Methoden, Fähigkeiten anderer Disziplinen und auf Beratungskompetenzen aus der Unternehmenswelt zurück. Es ist sehr wichtig, dass wir uns auch in der Führung kirchlicher Einrichtungen und Organisationen nicht abschotten, sondern alle Möglichkeiten nutzen, um das kirchliche Leben qualitätvoller zu gestalten und so unserem Auftrag der Verkündigung des Christentums wirksamer nachkommen können.

Der Vergewisserung dieses Auftrages dient auch unser Gesamt-strategieprozess, den wir in der Erzdiözese München und Freising 2020/21 unter dem Leitwort »Wirkung entfalten + Kirche gestalten« durchgeführt haben und derzeit ausgestalten. Ausgehend von einem strategischen Zielbild geht es uns darum, die Wirksamkeit kirchlichen Handelns unter den sich nachhaltig verändernden Bedingungen zu stärken. Dazu gehören auch knapper werdende Ressourcen, aber das ist nicht das alleinige Kriterium. Es ist auch möglich und notwendig, unser pastorales Handeln zu befragen, damit wir noch wirksamer sein können.

Wir wollen nicht den Kern des Glaubens verändern oder anpassen, sondern es geht darum, die Ausdrucks- und Gestaltungsformen stetig zu verändern. Das betrifft auch die liturgischen Feiern. Es betrifft alle Weisen, in denen sich Kirche und die Glaubensgemeinschaft in der Welt äußern. Auch diese Fragen sind ja nicht neu und kommen nicht erst in unserer Zeit auf. Schon der Hl. Augustinus hat sich damit befasst, wie die Wirksamkeit und Gültigkeit der Sakramente zu wahren seien auch angesichts unwürdiger und unfähiger Priester, also aufgrund »mangelnder Qualität«. Seine Lösung war das »opus operatum«, kurz gefasst: Die vollzogene Handlung des Sakramentes von Gott her reicht aus, unabhängig von der »Qualität« des Spenders des Sakramentes. Das mag eine Notfall-Ordnung sein, aber es kann natürlich nicht das sein, was idealerweise anzustreben ist. Die Sakramente zu feiern, ohne sie tatsächlich einzubetten in das konkrete Leben der Menschen und deren Lebenswirklichkeit, schränkt prinzipiell nicht die Gültigkeit der Sakramente ein, aber es bedeutet, dass sie nicht wirksam sein können. Deshalb ist die aktive Teilnahme an den kultischen Feiern so wichtig und unbedingt zu fördern. Das Zweite Vatikanische Konzil hat das im Gedanken der tätigen Teilnahme, der »participatio actuosa« weiter vertieft. Papst Franziskus ist deshalb die liturgische

Bildung ein großes Anliegen, was auch sein Schreiben »Desiderio desideravi«[54] zeigt. Und auch in unserer Erzdiözese gehört das Bemühen um qualitätsvolles Handeln aller im Gottesdienst selbstverständlich dazu. Nur wer wirklich dabei ist, teilnimmt, kann Erfahrungen machen.

Qualität und Kompetenz

Die Frage nach der Wirksamkeit kirchlichen Handelns mag befremden, ist aber auch im Blick auf die Feier der Sakramente durchaus angemessen, ebenso wie die Fragen nach erforderlichen Kompetenzen und Qualifikationen. Die Weihe der Amtsträger – Diakone, Priester und Bischöfe – überträgt eine Vollmacht und eine besondere Sendung, aber nicht automatisch die für die Ausführung des Amtes erforderlichen Kompetenzen. Dieser Denkfehler hat in der Vergangenheit viele Personalentscheidungen begleitet und ist immer noch anzutreffen, auch in der Auswahl von Bischöfen. Erneuerung und Transformation der Kirche bedeuten also nicht nur – in einem schlicht verstandenen Sinne – eine Evangelisierung und Verlebendigung des Glaubens, sondern erfordern einen Qualitätsschub auf allen Ebenen kirchlichen Handelns, so dass Menschen, die mit der Kirche in Kontakt kommen, die Erfahrung machen können: In dieser Gemeinschaft wird auf hohem Niveau der christliche Glaube lebendig, authentisch verkündet und kultisch gefeiert; hier arbeiten und engagieren sich Menschen, die gläubig und kompetent sind. Eine solche Ausstrahlung an geistlicher Tiefe, an Qualität und Kompetenz kann auch künftig für Berufe und Berufungen in der Kirche werben.

Immer wieder einmal höre ich von Menschen, die unserem Handeln an für sie entscheidenden Lebenspunkten begegnen, die Klage über eine fehlende Qualität der Gottesdienste, der Predigten und auch der Spendung der Sakramente. Das ist nicht primär die Kritik an äußeren Details, sondern sie fühlen sich nicht ernst genommen in der Begegnung. Zu viele erleben in Begegnungen mit Hauptamtlichen einen Rückzug auf klerikale Autorität oder theologisches Fachwissen. Aber das reicht ebenso wenig wie ein kirchlicher Beruf die Flucht in einen vermeintlich »softeren Arbeitsalltag« ist. Das ist natürlich ein übertriebenes Bild kirchlich-beruflichen Selbstverständnisses, aber ich bin Realist genug, um zu sehen, dass es in kirchlichen Organisationen auch diese »Berufs-Typologie« gibt, die mit für Spannungen sorgt. Gerade in den Aufgabenfeldern der Leitungsverantwortung, wie etwa in einer Gemeinde, ist für Führungskräfte ein anspruchsvoller Kompetenzkanon notwendig. Führen und leiten kann und muss man lernen! Und ebenso gehört es unbedingt dazu, auch die theologische Kompetenz auf hohem Niveau zu halten.

Noch einmal: Das ist sicher überzogen, aber ich bin jetzt 45 Jahre Priester und 28 Jahre Bischof – da kommen eben viele Erfahrungen zusammen, einschließlich von Fehlern, die ich selbst gemacht habe. Es gibt sehr viele führungskompetente und professionell handelnde Seelsorger und Seelsorgerinnen ebenso wie Mitarbeitende in allen anderen Bereichen. Aber wir müssen auch wirklich genau hinsehen, wie etwa die Ausbildung im Priesterseminar und im Pastoralkurs stetig qualitativ anzuheben sind, wenn wir auf Dauer Menschen gewinnen wollen, die einsatzbereit, kompetent und vor allem auch mit Freude Seelsorgerinnen und Seelsorger werden. Das erfordert auch von uns als leitenden Verantwortlichen in der Kirche, die Mitarbeitenden in ihrer berufsbiographischen Entwicklung zu stärken, fortzubilden und weiterzuqualifizieren, sodass wir echte Kompetenzzentren werden. Die Förderung der Führungskultur war auch ein Zielpunkt der Dekanatsreform, die wir in unserer Erzdiözese vorgenommen haben, und ich sehe gute Ansätze. Und ich denke, dass durch eine intensivierte Personalentwicklung auch ein neues Gefühl der Zugehörigkeit und Zukunftsfähigkeit entstehen kann.

Notwendigen Transformationen werden wir nicht ausweichen. Aber gerade für Veränderungsdynamiken brauchen wir auch Menschen, die dazu bereit und befähigt sind. Zugegeben, hier haben wir noch Luft nach oben. Und all das ist nicht nur eine wohlfeile Forderung an andere, sondern nimmt auch mich selbst in meiner bischöflichen Verantwortung in die Pflicht.

Auch im Rückblick auf die Jahrzehnte meiner priesterlichen Berufungs- und Berufserfahrung beunruhigt es mich, wenn in Untersuchungen eine stärker werdende Tendenz aufscheint, dass jüngere Priester sich gerne in vergangene Zeiten des Kircheseins zurücksehnen. Wenn aber Kirche zuerst als eine Institution der Vergangenheit wahrgenommen wird und nicht der Zukunft, dann werden wir auch Menschen anziehen, die eher dem Vergangenen nachtrauern, als in die Zukunft aufzubrechen.

12

Synodale Kirche – ein Weg in die Zukunft

Haben all diese Überlegungen zu Personal- und Organisationsfragen etwas mit der Sakramentalität der Kirche zu tun? Damit, dass Kirche ist, was sie bezeichnet? Das denke ich schon, gerade im Blick auf die kultischen Feiern. Wenn Papst Franziskus sagt: »Genau dieser Weg der Synodalität ist das, was Gott sich von der Kirche des dritten Jahrtausends erwartet«[55], dann bedeutet diese Orientierung Veränderungen auf allen Ebenen, auch in der Feier der Gottesdienste. Denn auch die kultische Feier der Sakramente und insgesamt die Sakramentalität der Kirche müssen sich demgegenüber offen zeigen. Eine synodale Kirche erweist sich ja nicht nur in Foren, Strukturen und Debatten, in Versammlungen mit Geschäftsordnungen und Beschlüssen, auch wenn das zweifellos wichtige Formate sind. Synodalität erweist sich auch darin, dass und wie wir als Glaubensgemeinschaft Liturgie feiern und dabei alle einbeziehen in diese Feier. Thomas Söding, einer der engagierten Synodalen und kritisch-konstruktiven Beobachter kirchlichen Lebens, hat in seinem Buch »Gemeinsam unterwegs – Synodalität in der katholischen Kirche« Kernmerkmale einer synodalen Kirche beschrieben, die ganz in den Schriften des Neuen Testaments gründen und geprägt sind vom Blick auf die Eucharistie. Ausgehend etwa von der Bedeutung der Charismen-Orientierung bei Paulus stellt Söding fest: »Die Teilhabe aller besteht nicht nur darin, dass alle etwas beitragen können, weil alle in der Freiheit des Glaubens mit ihren je eigenen Charismen zusammenkommen. Sie besteht auch darin, dass die Gemeinschaft als ganze Gottesdienst feiert. Dies gilt laut Paulus auch und gerade für die Eucharistie (...).«[56]

In der frühen Kirche war es ein zentrales Anliegen von Paulus, der »eine außergewöhnliche Fähigkeit an den Tag gelegt (hat), Frauen und Männer für die Mitarbeit zu gewinnen«[57], dass alle mit ihren je eigenen Gaben einbezogen werden, auch und gerade in der Feier des christlichen Kultes und den sakramentalen Feiern. Zukunftsorientierung würde also heißen: Wir brauchen nicht nur synodale Institutionen, sondern auch synodale Gottesdienste!

Die zentrale Kultfeier der Eucharistie ist in allen kirchlichen Debattenräumen, Foren und Versammlungen unersetzlich als »Quelle und Höhepunkt«. Wenn wir uns nicht immer wieder neu aus dieser Kultfeier nähren, ist die Gefahr hoch, dass die Glaubensgemeinschaft sich segmentiert in Eigeninteressen, persönlich und/oder theologisch begründete Vorlieben, kirchenpolitische Flügel und Parteinahmen, und dass wir menschliche Macht über das Wirken des Heiligen Geistes stellen.

Neues Miteinander

Als Vorsitzender der DBK habe ich den Synodalen Weg in Deutschland gemeinsam mit Thomas Sternberg, dem damaligen Präsidenten des Zentralkomitees der Deutschen Katholiken (ZdK), mit initiiert. Der entscheidende Anlass dafür waren die erschütternden Ergebnisse der MHG-Studie »Sexueller Missbrauch an Minderjährigen durch katholische Priester, Diakone und männliche Ordensangehörige im Bereich der Deutschen Bischofskonferenz« zur Erhebung der Fälle sexuellen Missbrauchs im Bereich der katholischen Kirche, die bei der Vollversammlung der DBK im Herbst 2018 vorgestellt wurden. Es war unmittelbar evident, dass dies eine intensive Beschäftigung auch der Bischöfe nach sich ziehen muss, und darüber hinaus insgesamt eine verbindliche und breite Debatte über diese Zäsur in der katholischen Kirche in Deutschland erfordert, die möglichst viele beteiligt und auch konkrete Reformen und Veränderungen im Miteinander in der Kirche anzielt. Gemeinsam mit dem ZdK konnten wir den Synodalen Weg trotz aller Widerstände beschließen und beschreiten. In der Präambel zu den Beschlüssen des Synodalen Weges heißt es: »Sexualisierte Gewalt ist schwerste persönliche Schuld; sie ist auch systemisch und strukturell Teil der katholischen Kirche.«[58] Diese Verknüpfung mit systemischen und strukturellen Anfragen und Herausforderungen, denen sich die Kirche stellen muss, bedeutete und bedeutet weiterhin eine existenzielle Beanspruchung für die Kirche. Wir müssen als Verantwortliche in der Kirche und als Glaubensgemeinschaft insgesamt Antworten suchen und finden, die wir ins Wort bringen können im Angesicht der Betroffenen von sexualisierter Gewalt und Missbrauch der Macht, und in Verantwortung vor Gott und voreinander.

Es ist immer wieder kritisch diskutiert worden, was der Synodale Weg eigentlich sei, da er ja im engeren kirchenrechtlichen Sinne keine Synode war. Aber es war und ist auch in seiner Fortführung ein synodaler Prozess, der sich dem Weg von Papst Franziskus verpflichtet weiß: Es geht grundsätzlich um ein neues Miteinander in der Kirche.

Für die katholische Kirche in Deutschland sind synodale Prozesse kein Neuland; denken wir nur an die »Würzburger Synode« (1971–1975) und an schon Jahrzehnte bestehende synodale Gremien wie Pfarrgemeinderäte und Diözesanräte. Ich bin nicht sicher, ob wir schon immer und überall ernst nehmen, dass solche synodalen Formate aber auch unser Synodaler Weg und der synodale Prozess der Weltkirche mit der kultischen Feier der Eucharistie und der Feier der Sakramente aufs Engste verbunden sind – oder besser gesagt: sein sollten. Es geht darum, Eucharistie so zu feiern, dass diese selbst zu einem synodalen Geschehen wird, an dem alle aktiv teilhaben. Denn das ganze Volk Gottes ist Subjekt der Liturgie! Gerade in der Feier der Liturgie gilt eben nicht eine Differenz von »oben« und »unten«, sondern diese Gemeinschaft ist wirklich ein neues Miteinander. Auch der Priester, als Vorsteher der kultischen Feier, hat darin seinen festen Ort, aber er kann nicht ohne die anderen sein. Gemeinsame Grundlage der Teilhabe ist der Glaube an Jesus Christus, der sich in der Taufe ausdrückt und sich in vielfältiger Weise entfaltet: »Es gibt eine große Vielfalt an Charismen, die der Vielzahl der Mitglieder und der Fülle der Aufgaben entspricht; sie unterscheiden sich nicht durch ein Mehr oder Weniger an Gnade, sondern durch verschiedene Effekte für den Aufbau der Kirche. (…) Je mehr Vielfalt, desto mehr Einheit und umgekehrt (…)«[59], so Thomas Söding.

Synodalität bedeutet keine Gegenüberstellung von »Regierung« und »Opposition«. Der Souverän in der Kirche ist weder der Papst noch das Volk, sondern Christus selbst. Alle, die den Glauben an Christus teilen, sind aufgerufen, mit ihren Gaben und Charismen die Glaubensgemeinschaft der Kirche einmütig zu stärken und das auch erfahrbar werden zu lassen in der sakramentalen Feier durch die tätige Teilhabe aller. Machen wir uns nichts vor: Die katholische Kirche ist in diesem vom Papst gewünschten Sinn noch keine synodale Kirche. Aber sie ist unaufhaltsam auf dem Weg dahin; ein Zurück wird es nicht mehr geben. Papst Franziskus hat von der »chiesa synodale« gesprochen und damit »synodal« als Adjektiv für die Kirche bestimmt, das heißt als das »Wie« des Kircheseins. Daraus ist zu schließen, dass sich Synodalität auf allen Ebenen und in allen Bereichen zeigt, folglich auch in der Feier des Kultes und der

Sakramente. Wie das geschehen kann, kann unter dem Adjektiv der Synodalität eben auch nicht mehr »von oben nach unten« entschieden werden, sondern erfordert eine Erkundung in synodaler Weggemeinschaft. In dieser Weise versuchen wir auch in der Erzdiözese München und Freising mit dem neu geschaffenen Synodalen Gremium umzusetzen, was im Synodalen Weg beschlossen wurde.

Lebendige Kirche verändert sich

Auch im Hinblick auf Synodalität kann die Kirche von der Welt lernen, denn alle Sozialprinzipien der Katholischen Soziallehre sind auch auf das Sozialgebilde Kirche selbst anwendbar. Davon bin ich, wie schon deutlich geworden sein sollte, seit Jahrzehnten fest überzeugt.[60] Die Rezeption der Sozialprinzipien geschieht im Licht des Evangeliums und ist notwendig eine kritische, also im Wortsinn unterscheidende, Rezeption.

Eine synodale Kirche kann mitten in der Welt Zeichen der Verbindung von Gott und Menschen und der Menschen untereinander sein, gerade weil es in ihrer Verfasstheit nicht um Mehrheiten und Minderheiten geht, sondern um Einmütigkeit und ein neues Miteinander, das sich der Gemeinschaft mit Gott verdankt. Eine synodale Kirche schließt nicht aus, sondern ist inklusiv. Eine synodale Kirche ist offen für das Neue, ohne den Blick auf die Geschichte und die Schätze der Tradition aufzugeben. Eine synodale Kirche ist eine lebendige Kirche, die sich beständig verändern kann.

Das ist meine feste Überzeugung. Und ich verdanke auch den intensiven Debatten beim Synodalen Weg der Kirche in Deutschland, dass ich eigene Positionen überdenken und weiterentwickeln konnte. Und das will und werde ich auch weiterhin tun. Lebenslanges Lernen gilt auch in der Verantwortung für die Kirche, und ich will mir gerade als Bischof und in meiner Führungsverantwortung die Chance nicht nehmen, mich zu verändern, Neues zu entdecken, manches hinter mir zu lassen, Fragen und Zweifel zu haben und gemeinsam mit anderen voranzugehen. Was uns verbindet – und das gilt selbstverständlich über Konfessionsgrenzen hinweg – ist der Glaube an Jesus Christus, der von vorne auf uns zukommt, aus der Zukunft, nicht aus der Vergangenheit.

Pfarreien als lebendige Orte

Gerade weil ich der festen Überzeugung bin, dass eine lebendige Kirche wichtig ist für die Welt, dass der christliche Glaube »Salz der Erde« und »Licht der Welt« sein kann (vgl. Mt 5,13 f.), liegt es mir nach wie vor so am Herzen, dass wir als Kirche in vielgestaltiger Weise aber stets überzeugend präsent sind.

Deswegen meine ich, dass auch zukünftig die leitende Perspektive für unsere diözesane Organisation die Pfarreistruktur bleibt. Die Anzahl und Struktur der Pfarreien kann ich ebenso wenig wie andere vorhersagen; das wird auch von demographischen Entwicklungen abhängen. Aber für eines will ich sorgen, jedenfalls in dem Erzbistum, dem ich vorstehe: dass Pfarreien lebendige Orte des Glaubens sind und die Eucharistiegemeinschaft und die Feier der Sakramente vor Ort nah an den Menschen ist. Das ist ein entscheidender Punkt, an dem Menschen spüren können, dass das Evangelium eine Bereicherung für ihr Leben ist, auf die sie für sich und für das Gemeinwesen nicht verzichten wollen. Das heißt allerdings nicht, dass alles so bleiben kann, wie es war. Aber es darf nicht der Eindruck entstehen, dass wir uns zurückziehen auf wenige zentrale Orte.

Amt in der Kirche

Es ist absolut nachvollziehbar, dass die Frage der pfarrlichen Strukturen und der kultischen Feier auch mit der Frage nach den jeweiligen Vorstehern verbunden ist. Liturgie und Amt sind in der katholischen Kirche aufs engste miteinander verknüpft. Und die Frage des Verständnisses und der Ausgestaltung von Amt, Leitung und Macht ist von höchster Relevanz für das Miteinander in der Glaubensgemeinschaft; auch das haben die MHG-Studie und der Synodale Weg sehr deutlich gemacht. Wir sind in diesen zentralen Fragen noch nicht am Ende der Debatten, die wir auch weltkirchlich aus deutscher Perspektive mit befördern.

Ich komme jedenfalls immer mehr zu der Überzeugung, dass es keine Frage des Geschlechtes sein sollte, das darüber entscheidet, wer einer sakramentalen und kultischen Feier vorstehen kann. Entscheidend ist vielmehr, ob die Amtsträger geistliche Menschen sind, die vom Evangelium her in ihrer Kompetenz das tun können, was im Mittelpunkt steht: Menschen versammeln und gemeinsam mit ihnen einen Weg in das unzerstörbare Leben erschließen, das von Gott selbst im Pascha-Mysterium geschenkt wird. Ob die ausschließliche Konzentration auf einen männlichen und zölibatär lebenden Klerus für die Zukunft ausreichen kann – auch unter dem Gesichtspunkt, dass wir weiterhin Kirche vor Ort und nah bei den Menschen sein wollen –, möchte ich zumindest für unseren Kulturkreis bezweifeln. Aber eines weiß ich: Ohne das Priesteramt gibt es keine katholische Kirche!

Wie auch immer die weltkirchliche Diskussion weitergeht, wichtig bleibt, dass nicht um der Kirche willen, sondern um der Menschen willen Kirche selbst in ihrer Sakramentalität ebenso wie die kultische Feier der Sakramente erfahrbar und wirksam bleiben. Wir sind eine einladende Glaubensgemeinschaft, die inmitten unserer pluralen Welt im Kult etwas zur Sprache bringen und

Lebensmöglichkeiten eröffnen kann, die die Welt nur hier finden kann. Das ist im Grunde in der Begrifflichkeit der Ökonomie unser Markenkern, unser »unique selling point«, unser Alleinstellungsmerkmal.

13
Frei werden

»Die Gedanken sind frei.« Dieses Lied haben wir immer wieder in Jugendfreizeiten und in der Schule gesungen. Der Text geht ursprünglich auf das 18. Jahrhundert zurück und gewann an Renommee in der Freiheitsbewegung des 19. Jahrhunderts, die auch vom Christentum geprägt war. Für viele, die das Lied singen, ist es auch emotional aufgeladen. Das Volkslied besingt unter anderem, dass die Gedanken die Phantasie beflügeln und weder zensiert noch eingesperrt noch verboten werden können. Es heißt in einer Strophe: »Und sperrt man mich ein / Im finsteren Kerker, / Das alles sind rein / Vergebliche Werke; / Denn meine Gedanken / Zerreißen die Schranken / Und Mauern entzwei: / Die Gedanken sind frei.« Auch von dieser Strophe her ist es nicht verwunderlich, dass Sophie Scholl dieses Lied vor den Gefängnismauern in Ulm auf einer Flöte gespielt haben soll, während ihr Vater dort durch die Nationalsozialisten 1942 inhaftiert war.

Zu den bedeutenden Entdeckungen des christlichen Glaubens gehört das, was wir »Innerlichkeit« nennen. Das hat sehr viel mit Freiheit auch im Sinne des Liedes zu tun: In uns, in jedem Menschen, ist ein Raum, wo wir ganz bei uns sind, den niemand betreten kann und in dem wir ganz frei sind. Als Christen glauben wir, dass Gott zu diesem inneren Raum Zugang hat, ja ihn bewohnt. Man könnte sogar sagen, dass diese Innerlichkeit von Gott erfüllt wird.

Menschsein bedeutet frei sein! Eine faszinierend radikale Vorstellung vom Geheimnis Gottes in uns! Und diese Freiheit beruht auf dem Geschaffensein. Wir verdanken uns nicht unseren Eltern, die zwar in großartiger und wunderbarer Weise durch die geschlechtliche Vereinigung am Schöpfungswerk teilhaben, die uns aber eben nicht »gemacht« haben. Jedes Kind ist weit mehr als die Summe der elterlichen Anteile; Kinder sind keine Klone, sondern unverwechselbare und einmalige Menschen; sonst wären sie Eigentum der Eltern. Wir glauben als Christen, dass jeder Mensch ein einmaliger Gedanke Gottes ist. Letztlich wurzelt in diesem Glauben an die Geschöpflichkeit auch die Würde des Menschen, die unantastbar ist und niemandem genommen werden kann.

Sehr bewusst habe ich 1996 – vor meiner Bischofsweihe – als Leitwort für mein bischöfliches Wirken ein Zitat aus dem 2. Korintherbrief gewählt: »Wo aber der Geist des Herrn wirkt, da ist Freiheit.« (2 Kor 3,17) Denn ich war und bin überzeugt, dass die Erfahrung der inneren Freiheit nur dann möglich wird, wenn sie nicht nur von uns selbst errungen wird. Es reicht nicht, dass wir uns selbst als frei deklarieren, sondern es braucht eine andere Instanz, der wir die Freiheit verdanken. Und das kann kein anderer Mensch sein, denn dann wäre Freiheit beliebig und nicht geschützt. Für mich ist es aus dem Glauben evident, dass Gott diese Freiheit stiftet und ermöglicht, und dass dieser Schatz in jedem Menschen in einem Raum der Innerlichkeit unverletzbar geborgen ist.

Alle Menschen sind Abbild Gottes

Die Worte Jesu aus seinen Abschiedsreden, wie sie das Johannes-Evangelium tradiert, beeindrucken mich immer wieder. Es ist die Verheißung, dass Jesus wiederkommen wird, um uns in die Nähe Gottes zu führen: »Im Haus meines Vaters gibt es viele Wohnungen. (…) Wenn ich gegangen bin und einen Platz für euch vorbereitet habe, komme ich wieder und werde euch zu mir holen, damit auch ihr dort seid, wo ich bin.« (Joh 14,1.3)[61]. Das ist schon eine sehr radikale Vorstellung der Beziehung zwischen Gott und Mensch, die sich nicht auf eine äußere personale Beziehung, auf Gehorsam, Pflichterfüllung oder gar eine Geschäftsbeziehung begrenzt. Nein, hier kommt eine vollständig andere Perspektive zum Tragen. Dieses »zu mir holen« und »Wohnung nehmen« (vgl. Joh 14,23) geschieht eben nicht erst mit unserem Tod oder am Ende der Zeit, sondern schon jetzt werden wir in der Feier der Eucharistie in die Nähe Gottes geholt. Bei Firmungen erkläre ich gelegentlich auch die Zeichenhandlungen des Gottesdienstes; zum Beispiel das Weihrauch-Spenden: Wir werden dabei nicht beweihräuchert, weil wir so toll oder erhaben wären, sondern weil Gott in uns lebt und gegenwärtig ist. Denn alle (!) Menschen sind Abbild Gottes!

Ich wage zu sagen, dass diese Konzeption des Menschen als Bild Gottes, der in uns wohnt, zu den Grundbedingungen aller abendländischen Freiheitsbewegungen gehört, ja, zu den Grundlagen der Demokratie. Das soll nicht die manchmal widersprüchliche reale Geschichte harmonisieren oder die dunklen Seiten der abendländischen Geschichte und auch der Kirchengeschichte ausblenden. Aber es bleibt trotz allem diese Grundlegung: Der Mensch ist Bild Gottes, ja Wohnung Gottes! Dieser radikale und revolutionäre Ausgangspunkt ist bis heute wesentlich. Jeder Mensch trägt in sich ein Element der Heiligkeit, der Transzendenz, der göttlichen Gegenwart und von daher einen inneren Raum der Freiheit, der die Würde des Menschen bestimmt.

Im christlichen Kult kommt die unmittelbare Gegenwart und Nähe Gottes in einem deutlichen Ritus zum Tragen: im Essen und Trinken. Die Worte Jesu klingen doch bis heute provokant: »Ich bin das lebendige Brot, das vom Himmel herabgekommen ist. Wer von diesem Brot isst, wird in Ewigkeit leben. Das Brot, das ich geben werde, ist mein Fleisch für das Leben der Welt. (…) Wenn ihr das Fleisch des Menschensohnes nicht esst und sein Blut nicht trinkt, habt ihr das Leben nicht in euch.« (Joh 6,51.53) Die Eucharistiefeier ist gemeinschaftliches Opfer und Mahl, und zugleich eine je persönliche Vereinigung des Einzelnen mit dem Geheimnis Gottes. Es geht nicht um eine spekulative, imaginierte Vereinigung, sondern um eine reale: Das Brot, das Jesus selbst ist, wird gegessen, und damit bezeugen wir, dass Jesus in uns lebt und wir in ihm. Hier ist nicht der Ort, im Detail eine Theologie der Eucharistie zu entfalten. Dazu gab und gibt es eine Fülle an theologischer Literatur; ich verweise nur auf Joseph Ratzingers Werk »Der Geist der Liturgie«. Mir kommt es im Kontext dieses Buches darauf an, deutlich zu machen, welche sozialen und politischen Konsequenzen sich aus dieser realen Präsenz und Vereinigung ergeben können oder sollen.

»Reduce to the max«

Als Deutschland nach Ende des Zweiten Weltkriegs erst wenige Tage erobert und befreit war, haben sich Szenen wie diese ereignet, die mir einmal sehr bewegend erzählt wurde: In einem Dorf, das noch ganz verängstigt ist, kommen katholische amerikanische Soldaten zum Sonntagsgottesdienst, knien neben einem Bauern und einer Schneiderin an der Kommunionbank und empfangen den Leib Christi. Nach diesem Moment begegnen sie sich in völlig anderer Weise. Das ist für mich ein Beispiel dafür, wie Verwandlung der Welt geschieht. Im Kult wird neues Leben möglich. In der Eucharistie wird das überlebensnotwendige tägliche Brot geteilt, das mehr als das Brot ist, das wir zum irdischen Leben brauchen. Vom Brot des Aufbruchs im Exodus bis zur Brotvermehrung und Brotrede Jesu, und weiter vom Abschiedsmahl Jesu bis hin zu unserer Feier der Eucharistie: All das kommt zusammen in der zentralen Bedeutung dieses überlebensnotwendigen Brotes, das Jesus Christus selbst ist. Der Theologe und Literaturwissenschaftler Markus Barth entfaltet diesen Gedanken sehr schön: »Einmal vom gebrochenen Brot zu essen reicht. Das ist die sakramentale Zuversicht. Es gibt nichts, was man auf Dauer und Vorrat anlegen könnte oder sollte. (…) Es muss alles raus. Es ist alles Ballast. Bis auf das kleine Stück gebrochenen Brotes, das gleichzeitig das Maximum ist: Reduce to the max war einmal ein Werbespruch, als das kleine Auto *Smart* erstmals auf den Markt kam. (... D)as muss das Signet einer auf den notwendigen Augenblick konzentrierten, einer entsicherten sakramentalen Gegenwart sein. Ein *smarter* Glaube braucht nicht mehr. Aber auch nicht weniger.«[62]

Damit der christliche Kult sich jedoch so im Leben auswirken und entfalten kann, muss er von allen, die mitfeiern, in seiner ganzen Dimension begriffen und gelebt werden. Und das formuliert letztlich den Anspruch an die Kirche selbst, an die Pfarreien und Gemeinschaften: Wo die kultische Feier zur Inszenierung von Personen wird, wo sie aufgeführt wird als historisches Erinnerungsmahl, wo sie sich beschränkt auf die kreative Selbstdarstellung Gleichgesinnter, geht die Kraft des Sakramentalen verloren. Nur wenn klar wird: Hier und jetzt geschehen Verwandlung, Erneuerung und Befreiung in der realen Begegnung mit dem lebendigen dreieinen Gott, kann sich das in der Glaubensgemeinschaft und im Leben der Einzelnen entfalten und Gesellschaft prägen.

Dabei vergesse ich natürlich nicht, dass der Glaube selbst Gnade ist, das heißt, Geschenk Gottes. Wir können den Glauben nicht produzieren, aber wir können uns immer wieder für die Haltung des Glaubens öffnen. Damit tun wir nicht nur uns selbst etwas Gutes, sondern auch für die Menschen um uns herum, für unsere Gesellschaft. Denn der christliche Kult und die Glaubensgemeinschaft der Kirche sollen ja ihre Wirkung mitten in der Welt und in allen Dimensionen des Lebens sakramental entfalten. Der Kult kann Grundlage werden für einen persönlichen und auch gemeinschaftlichen Weg der verantwortlichen Freiheit, der für die Zukunft der Welt von außerordentlicher Bedeutung ist. Insofern ist der Kult auch ein Ort, ja ein Schutzraum der Freiheit, ein existenzieller Freiraum.

Den Zugang zur eigenen Innerlichkeit entdecken

Durch die revolutionäre Sprengkraft der spirituellen Innerlichkeit und des religiösen Kultes wird im Menschen eine Dynamik der Freiheit und der Entgrenzung möglich, so dass innerhalb der Religionen – auch im Christentum – eine solche Mystik von den Mächtigen in den Religionsgemeinschaften ebenso wie von den politisch Mächtigen oft sehr kritisch gesehen wurde. Diese Sprengkraft liegt eben gerade in der Bedeutung der Freiheit: Denn der innerlichste Raum der Freiheit ist auch der Raum des Gewissens und der Gewissensfreiheit! Dies erscheint allen, die andere beherrschen wollen, immer als suspekt. Doch genau deshalb ist es enorm bedeutsam für die Zukunft unserer Gesellschaft – sozusagen als Schutz vor menschlicher Übermacht und Willkürherrschaft –, diesen Raum der Freiheit zu wahren und zu leben. Und es ist auch ein Auftrag der Kirche, Menschen darin zu unterstützen, Zugang zu ihrer Würde als Geschöpfe und zu ihrer unveräußerlichen Freiheit zu finden und ihre Innerlichkeit zu entdecken. Das ist auch für die Zukunft der Kirche entscheidend. Karl Rahner hat das schon 1966 in kaum zu übertreffender Weise ins Wort gebracht: »(…) der Fromme von morgen wird ein ›Mystiker‹ sein, einer, der etwas ›erfahren‹ hat, oder er wird nicht mehr sein, weil die Frömmigkeit von morgen nicht mehr durch die im voraus zu einer personalen Erfahrung und Entscheidung einstimmige, selbstverständliche öffentliche Überzeugung und religiöse Sitte aller mitgetragen wird, die bisher übliche religiöse Erziehung also nur noch eine sehr sekundäre Dressur für das religiös Institutionelle sein kann.«[63]

Mystik als Impuls zur Freiheit

Vor allem Johann Baptist Metz hat in seiner Theologie den Zusammenhang von Mystik und Politik entfaltet, was mich seinerzeit sehr angesprochen hat. Als eine Art Gegenbegriff zum wörtlichen Verständnis von Mystik – »myein« heißt »die Augen schließen« – spricht Metz von der »Mystik der offenen Augen« als »Mystik der Gottesgerechtigkeit«[64], die die Wunden der Welt sieht und die aus der Innerlichkeit der Begegnung mit dem lebendigen Gott sensibel wird für Ungerechtigkeit, Not, Krankheit, Unterdrückung, Gewalt. So verstanden, kann Mystik auch Ausgangspunkt von Befreiungsbewegungen sein. Ein verkürztes Verständnis von Mystik auf individuelle Spiritualität führt hingegen nicht in die Welt hinein. Mir war und ist die Verbindung von Mystik und Weltverantwortung, von Mystik und Politik sehr wichtig. Mystik in diesem Sinne öffnet die Augen, sucht nach Befreiung aus Angst, Elend und Unterdrückung der Welt, und ist damit Impuls auf Freiheit hin.

Dazu gehört, dass diese Verbindung auch in den Feiern der Eucharistie und der Sakramente deutlich wird. Der Schlüssel ist die je individuelle Erfahrung der Begegnung im Gesamten der gemeinschaftlichen Dynamik, sich auf den Geist des Evangeliums einzulassen. Dabei geht es nicht um die ganz außergewöhnlich mystischen Erfahrungen, die manchen Menschen möglich sind; die Geschichte des Christentums kennt großartige Frauen und Männer, die uns mit ihren mystischen Erfahrungen Zugänge zu Gott erschließen können. Es gibt auch eine für alle Menschen zugängliche »Alltagsmystik«, die unser persönliches Leben in einen größeren Horizont stellt und sich aus der Erfahrung der Freiheit nährt. Das persönliche und auch das gemeinschaftliche Gebet sind für mich ein Ort der Freiheit, wo jeder Zwang aufhört und Grenzen keine Rolle spielen. Das sollen und können Christen und Christinnen sein: freie Menschen!

Freiheit als Kern der Verkündigung

Die Zukunft des Christentums betrifft deshalb uns alle. Denn wir brauchen Menschen, die innerlich frei sind. Es wäre gut, wenn die Kirche dieses Verständnis und eine Kultur der Freiheit immer geprägt und gefördert hätte. Ein Blick in die Kirchengeschichte zeigt, dass das keineswegs immer der Fall war und ist, bis heute! Die Kirche war (und ist) leider nicht immer auf der Seite der Freiheit. Aber behindern oder stoppen konnten die amtlich Mächtigen in der Kirche die Dynamik eines befreienden Evangeliums eben auch nicht. Freiheit ist Kern der Verkündigung Jesu!

Auch die Kritik Alfred Lorenzers, auf die ich ja schon hingewiesen habe, ist nicht unberechtigt, wenn Gottesdienste in subtiler Weise dazu genutzt werden, andere dominieren zu wollen, und dadurch Freiheits- und Möglichkeitsräume nicht eröffnet, sondern verbaut werden. Gerade Traditionalisten haben diese Kritik aufgegriffen und damit das Anliegen noch einmal verzerrt. Mein Eindruck ist, dass eine traditionalistische »Spiritualität« nicht in die Freiheit führt, sondern Unterwerfung bezweckt. Aber das entspricht nicht der biblischen Tradition und der Verkündigung Jesu, es ist nicht der Weg der christlichen Mystik und hat auch nichts zu tun mit der Eucharistie. Die Anbetung Gottes, das Lob Gottes, ist nicht Unterwerfung, sondern Hingabe und Liebe. Und das kann nur in Freiheit geschehen.

Demokratie braucht Freiheit

Eine Gesellschaft und ein politisches System, die frei und demokratisch sein wollen, müssen auf Freiheit aufbauen und brauchen also freie Menschen. Nicht nur zuerkannte oder gewährte Räume von Freiheit, auch nicht nur politisch errungene Freiheit oder Befreiung, sondern die Anerkenntnis einer nicht-disponiblen verantwortlichen Freiheit, die dem Menschen eigen ist und die menschliche Würde begründet.

Demokratie und der Zusammenhalt in einer Gesellschaft brauchen die freiheitliche Entscheidung von Menschen, mehr einzubringen als das, wozu sie verpflichtet werden können. Es ist zu wenig, wenn nur die Gesetze eingehalten werden, wenn nur das Recht erfüllt wird; das ist das selbstverständliche Mindestmaß. Die Demokratie und das gesellschaftliche Miteinander leben von dem, was darüber hinaus gegeben wird, von einem Überschuss, der nicht geschuldet ist und keinem Tausch- oder Handelsverhältnis entspricht.

Die letzten Jahrzehnte haben gezeigt, wie sehr gerade das sogenannte neoliberale Paradigma dazu geführt hat, Einzelinteressen und Rechtsansprüche der Individuen in den Mittelpunkt politischen und gesellschaftlichen Handelns zu stellen. Aber das Gemeinsame, das »Geschenkhafte« und die Stärke der inneren Freiheit machen doch den entscheidenden Unterschied. Es braucht auch nach Andreas Reckwitz einen Paradigmenwechsel und eine Transformation hin zu mehr Solidarität und Gemeinwohlorientierung: »Generell müssen wir nämlich damit rechnen, dass die gesellschaftliche Entwicklung im 21. Jahrhundert *Verlusterfahrungen* mit sich bringt (oder schon mit sich gebracht hat), die sich nicht ohne Weiteres kurieren lassen. Diese Verluste müssen benannt werden, um nicht auf Dauer in der populistischen Spirale von Empörung und Gekränktheit zu verharren.«[65] Anders gesagt: Wir brauchen mehr Solidarität und Orientierung am Gemeinwohl, so wie es in der Tradition der Katholischen Soziallehre angelegt ist.

Es braucht eine Gesellschaft, in der gegenseitiger Respekt das Miteinander bestimmt. Es braucht eine Gesellschaft der verantwortlichen Freiheit, die nicht nur vom Einzelnen und von Einzelinteressen ausgeht, sondern von dem, was alle verbindet und wofür alle in ihrer Unterschiedlichkeit doch gemeinsam einstehen. Es braucht eine globale Perspektive und eine Einbeziehung auch der kommenden Generationen. Die Frage liegt also auf der Hand: Woher kommen die Kräfte, die zu einer so verstandenen Erneuerung und gesellschaftlichen Stärkung notwendig sind, um die Zukunft freiheitlich-demokratischer Gesellschaften zu sichern? Ich glaube, dass Christinnen und Christen dabei eine wichtige Rolle spielen können und müssen, weil sie auch im Glauben von einer geschenkten Freiheit und Unabhängigkeit getragen sind, die stärker ist als jeweils sich ändernde ökonomische und politische Moden, und die sie nicht für sich behalten, sondern für alle Menschen einbringen sollten.

14
Ortsbestimmung für die Kirche

Bis hierher sollte meine These deutlich geworden sein, die ich in mehreren Angängen beleuchtet und argumentativ angereichert habe: Im Zentrum des christlichen Lebens steht die kultische Feier des Gottesdienstes und vor allem der Eucharistie. Insofern ist das Christentum Kult! Ohne diesen Mittelpunkt verdunstet der christliche Glaube, bringt zwar einzelne zivilgesellschaftliche Elemente hervor, gehört jedoch eher zum vergangenheitsbezogenen Erinnerungsbestand einer Kultur und Gesellschaft. Eine gegenwarts- und zukunftsbedeutsame Prägekraft und Inspiration können von diesem »Restbestand« nicht mehr ausgehen. Der kritische Stachel meiner These ist: Reicht uns das? Ist das wirklich für jetzt und künftig der reduzierte Beitrag, den das Christentum noch erbringen kann und soll? Ist es das, was unsere Gesellschaft und Kultur brauchen? Oder kann nicht gerade die erneuerte Ausrichtung auf das kultische Zentrum die notwendigen, bekräftigenden, stärkenden und zuweilen auch verstörenden Impulse für Gesellschaft und Kultur liefern?

Indem ich die Bedeutung des christlichen Kultes so stark betone, möchte ich keine Zweifel daran aufkommen lassen, dass der Gottesdienst gesellschaftliche und politische Perspektiven entfaltet, und dass genau dies notwendig ist. Um diese gegenseitige Verwiesenheit von Mystik und Politik zu stärken, muss sich auch die Kirche stets neu ihres Ortes in der offenen pluralen Gesellschaft vergewissern. Dabei hat unbedingte Geltung, dass die moderne

Gesellschaft trotz aller ihr auch innewohnenden Gefährdungen und Schwächen kein Unglück bedeutet, sondern Fortschritt. Denn nur in einer offenen Gesellschaft kann das Konzept der verantwortlichen Freiheit gelebt werden.

Gefährliche Tendenzen

Wenn wir hier über die Zukunft der Kirche und über die Zukunft der Gesellschaft nachdenken, über einen neuen Zusammenhalt der Menschheitsfamilie, dann geht es auch um die Zukunft der Religion insgesamt. Und das ist keine regional auf unser Land oder Europa oder »den Westen« zu begrenzende Fragestellung, sondern von globaler Relevanz. Zwei Tendenzen erfahre ich als beunruhigend und halte sie für gefährlich sowohl für die Demokratie als auch für die Religion (und damit auch für die Kirche).

Die eine Tendenz ist die Entwicklung hin zu einem sentimentalen Fundamentalismus, der den Anspruch aufgibt, dass das Evangelium jedem Denken standhält und selbst Aufklärung ist; diesen Anspruch zeigt auch die Rede Joseph Ratzingers vom Christentum als vernunftgeleitete Aufklärung auf.[66] Mit einem sentimentalen Fundamentalismus einher geht eine Hinwendung zu Schwarz-Weiß-Denken, Verschwörungstheorien, Nostalgie und so weiter. Besonders im Bereich der extremen Rechten lassen sich Verbindungen zu evangelikalen Gruppen, aber auch zu katholischen Kreisen feststellen.

Damit einher geht eine zweite Tendenz, die ich im Versuch einer politischen Instrumentalisierung der Religionen sehe; das betrifft im Übrigen auch die katholische Kirche. Religion wird zum Mittel und Zweck nationaler Identität benutzt, zum Instrument von Abgrenzung und Polarisierung. Auch das können wir gegenwärtig etwa im Vorgehen des Oberhauptes der Russisch-Orthodoxen

Kirche, Patriarch Kyrill I., sehen, der den Angriffskrieg Russlands gegen die Ukraine als »Heiligen Krieg« bezeichnet, was der biblischen Berufung zum Frieden fundamental widerspricht. Auch fundamentalistische Bewegungen und Entwicklungen in den USA und anderswo bezeugen diese Tendenz der Instrumentalisierung von Religion, auch hier unter Beteiligung von Katholiken.

Beide Tendenzen bedrohen den gesellschaftlichen Zusammenhalt und die Einheit der Kirche. Wenn im Zentrum des christlichen Kultes das Pascha-Mysterium in allen Dimensionen real erfahren und gefeiert wird, wenn das Evangelium mit wachem Blick auf die Gegenwart und zugleich mit geistlicher und theologischer Tiefenschärfe verkündet wird, dann sind im Grunde solche Irrwege der Sentimentalisierung und der politischen Instrumentalisierung ausgeschlossen. Die Feier des christlichen Kultes als Ort der gottgeschenkten Freiheit kann Unterwerfung, Verängstigung, Polarisierung wirklich widerstehen. Gerade das Gebet ist ein Ort der Freiheit.

In neuer Weise von Gott reden

Das Christentum kann sich in der gegenwärtigen Lage bewähren und verdeutlichen, dass es eine der Religionen der Zukunft ist, vielleicht sogar ganz entscheidend für die Zukunft der Menschheit. Das ist meine Überzeugung. Die Zukunftsfähigkeit einer Religion erweist sich darin, dass sie die verantwortliche Freiheit nicht nur wahrt, sondern stärkt. Eine Religion, die die Freiheit des Menschen nicht wahrt, wäre auch aus ethischen Gründen nicht akzeptabel. Sie wäre gefährlich. Gleichwohl braucht es für diese Zukunftsperspektive der Prägekraft des Religiösen auch ein religionsoffenes, ja religionsfreundliches Gemeinwesen, wie etwa Paul Kirchhof immer wieder betont, der auch auf die Wechselwirkung von Religion und Staat hinweist: »Entscheidend ist, dass Staat und Bürger dem Christentum mit Hoffnung und nicht mit Argwohn begegnen und dass die Christen diese Hoffnung rechtfertigen und die Botschaft von Frieden und Nächstenliebe in die Welt bringen. Dann dürfen wir auch dem Staat weniger in Abwehr und mehr mit Vertrauen begegnen.«[67]

Eine Schlüsselfrage für die Verhältnisbestimmung von Religion und Gesellschaft liegt darin, wie wir anschlussfähig und verstehbar von Gott reden können. Das zielt unbedingt auch als Anspruch auf die Feier der Gottesdienste und des Betens, denn ohne Gebet kein Gottesdienst, ohne Gebet kein Kult. Eine oberflächliche, banale, wenig überzeugende Rede von Gott läuft ins Leere. Eine verarmte Sprache des Religiösen trägt zur Verdunstung des christlichen Glaubens bei.[68] Es geht eben auch darum, in neuer Weise anspruchsvoll von Gott zu reden und ihn im Gebet in einer Weise anzusprechen, die Menschen berührt, so wie es etwa Stephan Wahl mit zeitgenössisch formulierten Psalmen gelingt.

15
Ausblicke

Manche sagen, was christlicher Kult und Religion einst waren, wird in unseren Tagen längst durch andere Bezugsgrößen und Ereignisse ersetzt. Die Mega-Events unserer Tage bieten zahlreiche Möglichkeitsräume für jeden Geschmack, um dem Alltag etwas entgegenzusetzen. Auch hier sind Entgrenzung, Gemeinschaft und neue Horizonte erlebbar. Und das ganz ohne das Erfordernis, an etwas oder jemanden glauben zu müssen. Die »Notwendigkeit des Nutzlosen« kennt viele Orte und Räume. Ich bewerte all diese Möglichkeiten nicht als Ersatz oder als minderwertig, sondern ich sehe sie als etwas anderes. Sie entbehren nicht einer gewissen Analogie zum Religiösen, zugleich bilden sie aber keine Kultgemeinschaften über Generationen hinweg und weisen kein Selbstverständnis analog dem einer reflektieren Religionsgemeinschaft auf.

Ihr Beitrag zum Zusammenhalt in einer Gesellschaft ist nicht zu unterschätzen, wenngleich in all diesen Events in der Regel ökonomische Interessen meist bedeutsam sind und die Teilhabemöglichkeiten nicht immer unbedingt dem Prinzip der Gerechtigkeit genügen. Ungeachtet dieser (sozial)ethischen Kritik, die sich primär an massenwirksame Events richtet, bereichern die kulturellen Darstellungsformen in bildenden Künsten, in Literatur, Musik, Tanz und Theater in ihrer »Notwendigkeit des Nutzlosen« Menschsein und Gesellschaft, ohne dass sie, wie die Corona-Pandemie gezeigt hat, zwingend als »systemrelevant« bewertet werden, was ich für einen Fehler halte und was zumindest im kritischen Rückblick auch deutlich geworden ist.

Im Bereich des Religiösen kommt ein Weiteres hinzu: Es geht darum, deutlich zu machen, dass es tatsächlich eine andere Wirklichkeit gibt, die den Blick auf unser Leben und auf unsere Welt verändert. »Die Kirche stellt mit ihrer Liturgie einen Deutungshorizont zur Verfügung, der nicht diskursiv, sondern repräsentativ ist, also zeichenhaft und bildhaft präsentiert wird«, so formuliert es Matthias Belafi in einem Beitrag zum Verhältnis von Liturgie und Politik.[69] In den kultischen Feiern der Sakramente und in der Sakramentalität der Kirche soll deutlich werden, dass Verwandlung möglich ist, dass wir in einer neuen Welt leben können und die existenziellen Fragen von Sühne, Gerechtigkeit und Hoffnung auf ein unzerstörbares Leben in der feiernden Gemeinschaft integriert werden, dass eben wirklich befreiende Erlösung stattfindet. Dazu braucht es keine großen einmaligen Events. Es ist eine augenöffnende Mystik des Alltags, die sich in der Begegnung mit Gott selbst ereignet. Das kann zum Beispiel die Erfahrung sein, sich in persönlicher Ausweglosigkeit und in Krisen, die verzweifeln lassen, geborgen und getröstet zu wissen, weil wir die Gegenwart Gottes erfahren. Diese Erfahrung können wir als Glaubensgemeinschaft immer wieder bestärken in der Feier der Eucharistie, die wir in der Kraft von Taufe und Firmung miteinander teilen. Auch die Feier der weiteren Sakramente, wie die Feier der Vergebung der Sünden, der Salbung der Kranken, des sich Anvertrauens Liebender, der »Übereignung« des Lebens an Gott sind Zeichen und Wunder, die uns im Leben begleiten und stärken. Ich kann das nicht oft genug sagen: Kein Sakrament, keine Kultfeier verweist oder vertröstet auf einen Nimmerleinstag und lässt uns in unserer Gegenwart allein. Im Mittelpunkt des christlichen Kultes steht die Heiligung unseres Lebens jetzt und hier, und die Erfahrung, dass Gott sich als der erweist, der da ist (vgl. Ex 3). Wir sind nicht allein!

Die soziologische und demographische Entwicklung wird nicht mehr zu homogenen, von einer bestimmten Religion durchweg geprägten Gesellschaften führen. Aber das mindert nicht meine begründete Hoffnung und den Anspruch an eine lebendige Kirche, dass es inmitten der Gesellschaft weiterhin öffentliche Orte und Räume der christlichen Glaubensgemeinschaft geben wird, die ein lebendiges Zeugnis für das Evangelium und die Nähe Gottes ausstrahlen. Dazu gehört auch, die Qualität unserer Arbeit zu verbessern und uns als Kirche weiterzuentwickeln und wirklich katholisch zu sein, das heißt, die ganze Welt und Lebenswirklichkeit der Menschen im Blick zu behalten. Auch die Erneuerung der Liturgie ist dafür wichtig: Eine Liturgie, die nur die genauen Vorschriften im Blick hat, die »Rubriken«, und das Ganze der Feier aus dem Blick verliert, ist nicht wirklich katholisch und tragfähig für die Zukunft. Sie lässt die Menschen kalt.

Ich wünsche mir einen Kult, der vom Geist der Freiheit durchdrungen ist, der alle einbezieht und sich in die Lebenswirklichkeit der Menschen hineinstellt und dabei zugleich in der kultischen und spirituellen Tradition der Kirche verbunden ist. Dabei bleibt der christliche Kult relevant und anschlussfähig an das Leben der Einzelnen und der Gesellschaft, gerade weil diese Feier zeichenhaft unsere Welt, unsere Immanenz, durchbricht und sich einer neuen Welt öffnet: ein Gottesdienst, der tröstet und befreit, der zum Engagement ermutigt, der die Welt liebt, der das Leben feiert und das ewige Leben bezeugt. Einen solchen Kult brauchen wir und braucht unsere Gesellschaft gerade jetzt!

Ein christliches Weltbild?

In einem Interview äußerte sich der ehemalige Außenminister Joschka Fischer vor einiger Zeit in Bezug auf die aktuelle geopolitische Lage: Entscheidend sei, dass der Westen zusammenbleibe und sich seiner eigenen kulturellen Identität vergewissere. Mich hat das durchaus nachdenklich gemacht, denn wenn wir unter dem Westen vor allem Europa und die USA verstehen, dann gehört auch dazu, dass in keiner anderen Region der Welt das Christentum über Jahrhunderte in vergleichbarer Weise prägend war. Die dunklen Seiten der Geschichte des Westens und des Christentums dürfen wir dabei nicht ausblenden, aber es gibt eben auch die andere Seite. Dazu gehört, dass das Christentum, wenngleich es einen universalen Anspruch hat, nicht seine westliche Prägung abstreifen und hinter sich lassen kann. Können wir uns die kulturelle Identität Europas ohne Bezug zur biblischen Botschaft und zu den Narrativen der Evangelien vorstellen?

Gibt es möglicherweise sogar einen Zusammenhang zwischen der christlichen Prägung des Westens und der Säkularisierung? Ich meine, dass die Entwicklung zu einer säkularen, freien Gesellschaft ohne das Christentum und dessen Inspiration gar nicht denkbar wäre. Doch dann ist dieser Prozess gar keine zu bedauernde Abkehr von Gott und vom Glauben, sondern eine weitere Herausforderung, auch das Christentum in einer offenen säkularen Gesellschaft neu zu verstehen. Ja, eine säkulare Welt ist eine Konsequenz der biblischen Botschaft.

In aktuellen Debatten über die Zukunft des Christentums wird immer wieder der Gedanke geäußert, die Kirche müsse sich davon verabschieden, ein Weltbild, eine »katholische Weltanschauung« (Romano Guardini) darstellen zu wollen. Die Rede von einer Weltanschauung ist zu verstehen im Sinne der »Achsenzeit«, und meint das Selbstverständnis von Religionen als Modellen umfassender Welt- und Lebensdeutung, wie es sich (bis heute) im Christentum, Judentum und Islam sowie in anderen Religionen zeigt. Verlassen wir also jetzt diesen Anspruch des Weltbildes und treten in eine weitere Phase der Religionsgeschichte ein? Wird Religion – jedenfalls in unserem Kulturkreis und insbesondere im Blick auf das Christentum gefragt – eine ausdifferenzierte Sonderwelt, die es neben vielen anderen Weltdeutungsansätzen eben auch »noch« gibt, die aber keinen Anspruch mehr erheben kann, Lebenswelt und Gesellschaft zu prägen? Das Christentum wäre dann eines von vielen religiösen Phänomenen, die es eben gibt, die jedoch nur wenige Menschen brauchen, ohne weiterhin einen gesellschaftsverändernden und gesellschaftsprägenden Ort einnehmen zu wollen.

Ich kann durchaus die Kritik verstehen, die etwa auch Tomáš Halík[70] oder Jürgen Habermas an diesem vergangenen Weltbildcharakter des Christentums äußern, und stimme zum Teil zu. Aber daraus kann ich nicht schließen, dass wir auf einen vom Evangelium geprägten Blick auf die ganze Welt und die Lebenswirklichkeit aller Menschen verzichten. Evangelisieren bedeutet, aus diesem Blick heraus unseren Beitrag für eine bessere Welt zu leisten. So habe ich jedenfalls mein jahrzehntelanges Engagement für die Katholische Soziallehre verstanden. Es geht nicht um geschlossene Weltbilder, sondern um Ideen und Prinzipien für eine neue Fortschrittsidee.

Christentum der Zukunft

Ich meine, dass die Botschaft des Evangeliums auch eine gesellschaftliche Dynamik in Gang gesetzt hat: Es geht mir nicht um einen geistlichen Eroberungszug mit dem Evangelium in der Hand und politischer Unterstützung, wie es in der Vergangenheit der

Missionsbewegungen von Kirche und Orden vorkommen konnte. Dahinter stand die Überzeugung, dass das Christentum und der Westen eins seien und der ganzen Welt die »richtige Zivilisation« zu bringen hätten. Das hatte fatale Folgen, die bis heute nachwirken, wie wir alle wissen. So ist mein Zukunftsbild nicht, ebenso wenig wie ich eine Marginalisierung hin zur traditionalistischen Sekte will. In diese »Zukunft« will ich nicht zurück!

Ich will, dass das Christentum und die Kirche auf der Höhe der Zeit präsent sind, im Dialog und anschlussfähig bleiben. Ich will, dass das Christentum und die Kirche mit der Botschaft vom Reich Gottes beunruhigen und Zeichen setzen. Ich will, dass das Christentum und die Kirche wirklich etwas sagen zu den Nöten unserer Zeit. Ich will, dass das Christentum und die Kirche selbst vielgestaltig und vielfältig sind, so dass vielen Menschen ein Zugang zum Glauben eröffnet wird. Ich will, dass es in Christentum und Kirche um einen bereichernden Zusammenhalt geht, der von Freiheit, Verantwortung und demokratischen Tugenden geprägt ist. Ich will, dass Christentum und Kirche zu einem gesellschaftlichen »common ground« beitragen, der die Menschenwürde und die Menschenrechte wahrt. Ich will, dass Christentum und Kirche das Leben der Menschen feiern und den Himmel öffnen. Und all das ist keine Utopie und kein Traum, sondern dafür stehe ich ein gemeinsam mit vielen anderen in dieser Glaubensgemeinschaft, immer wieder gestärkt und ermutigt durch die Feier des Kultes!

Ein Rückzug der Kirche aus der pluralen Moderne, aus der freiheitlich-demokratischen Verfasstheit westlicher Gesellschaften wäre auch unverantwortlich gegenüber den vielen Millionen Christinnen und Christen, Seelsorgerinnen und Seelsorgern, ehrenamtlich und hauptamtlich Engagierten, die aus dem Zeugnis des Evangeliums leben. Einen solchen geistigen Rückzug würde ich als Resignation empfinden, ja als Verrat an den Menschen in unserem Kulturkreis. Das Christentum und die Glaubensgemeinschaft sind Teil einer vielfältigen Gesellschaft – ob im Westen oder in anderen Regionen der Erde. Die sakramentale Kirche gehört in die Welt von heute!

Alle Sakramente zeigen und repräsentieren wirkmächtig das Handeln Gottes in der Welt. Wenngleich Gott immer Geheimnis bleibt, sind die kultischen Feiern nicht einfach nur Inszenierungen aus menschlicher Kreativität heraus. Ich lege in diesem Buch einen starken Akzent auf die spezifische katholische Profilierung des christlichen Kultes. Das steht für mich nicht im Widerspruch zu meiner ökumenischen Sehnsucht der gemeinsamen Mahlgemeinschaft. Doch weil wir ökumenisch noch nicht an diesem Punkt angelangt sind, mag es wichtig sein, sich auch der eigenen Tradition und des eigenen Profils noch einmal zu vergewissern. Die katholische Tradition legt ein starkes Gewicht auf die sakramentale Wirklichkeit der Kirche und auf die Feier der Eucharistie, die am Sonntag unverzichtbar ist. Das Pascha-Mysterium ist Quelle für die Verwandlung und Veränderung. Diese Mahlgemeinschaft ist grundsätzlich inklusiv und will alle Menschen umfassen und darin die eine Menschheitsfamilie zusammenführen. Das ist ein Aspekt, den wir auch im ökumenischen Gespräch einbringen können.

Auch über die christliche Ökumene hinaus muss die Kirche offen sein für den Dialog mit allen Religionen. Eine klare Erkennbarkeit des spezifisch Katholischen sehe ich nicht als Hindernis zum Dialog, sondern als unverzichtbare Notwendigkeit; ebenso wie alle im Dialog der Religionen mit ihren je eigenen Spezifika erkennbar sein müssen, damit wir voneinander lernen können. Die Vielfalt der Religionen kann eine Bereicherung sein und ist es. Dennoch verschließe ich nicht die Augen davor, dass Religionen auch zu Konflikten und zum Unfrieden beitragen können; besonders dann, wenn sie in Gefahr stehen, von anderen Mächten instrumentalisiert zu werden oder sich selbst theologisch verkürzen zur Ideologie.

Eucharistie als Herzkammer

Ausgangspunkt des kirchlichen Lebens sind die Menschen, die Wunden der Welt, die Sehnsucht der Menschen nach dem Heil, besonders die Menschen an den Peripherien des Lebens. Es geht um Trost und Aufrichtung, um Zuspruch und Versöhnung, um Frieden und Gerechtigkeit. Die Lehre der Kirche von der Eucharistie als Quelle und Höhepunkt kirchlichen Lebens steht in keiner Weise im Widerspruch dazu, sondern verbindet sich damit. Deswegen ist für mich die Erneuerung der sakramentalen Struktur der Kirche und der kultischen Feier absolut unerlässlich. Die Eucharistiegemeinschaft ist die Herzkammer des gesamten Organismus, den wir den Leib Christi nennen; und dieser Leib Christi gehört der ganzen Welt, nicht uns.

Schon für meine Arbeit an der Dissertation war die stark von Joseph Ratzinger inspirierte eucharistische Ekklesiologie für mich grundlegend bedeutsam.[71] Das heißt, wie wir Kirche verstehen, erschließt sich aus der Eucharistie: Ausgangspunkt für die sichtbare Gestalt der Kirche ist die konkrete Eucharistiegemeinschaft. Das hat Auswirkungen auf das Selbstverständnis der Kirche, ihre innere Ordnung, ihre synodale Verfasstheit, und ebenso für ihre Sendung, für ihren Auftrag in der Welt. Kirche, die sich als Sakrament für die Welt versteht, wird am deutlichsten sichtbar in der Feier der Eucharistie. Dieses sakramentale Selbstverständnis hat nichts zu tun mit einer Absatzbewegung von der Gesellschaft, sondern setzt missionarische Impulse frei, denn im Sinne Jesu versteht die Kirche ihren Gottesdienst als Menschendienst, als Dienst der Weltverwandlung. Für die Zukunft ist es entscheidend, dass – wie es Walter Kasper formuliert hat –, »gottesdienstliche Sammlung und weltliche Sendung« als Einheit zu begreifen sind.[72] Genau darum geht es mir.

Gerade wenn wir die Feier der Eucharistie als zentralen Konstitutionspunkt von Kirche sowohl für ihre Sammlung wie für ihre Sendung der Verwandlung der Welt sehen, wird deutlich, wie notwendig es ist, diesen Kult überall dort zu feiern, wo Menschen sich auf den Weg machen – in den Pfarreien, in den kleinen Gemeinschaften, in Gruppen und in Einrichtungen kategorialer Pastoral, also etwa in Schulen, Krankenhäusern, Diensten der Caritas, Bildungseinrichtungen. Die Eucharistiefeier ist nicht nur für zahlenmäßig große Gemeinschaften gedacht, sondern kann als Kraftquelle im gesamten Leben der Kirche wirken; gerade das macht die Kirche ja katholisch. Aus den sakramentalen Quellen beziehen wir unser Engagement für die Veränderung der Welt. Um dieser katholischen Identität willen ist es deshalb sehr wichtig, Möglichkeiten in den Blick zu nehmen und Menschen zu berufen, die zum eucharistischen »community building« fähig und befähigt sind, und ihnen auch im Sakrament der Weihe diesen Dienst anzuvertrauen. Denn auch das gehört zum katholischen Profil: ohne Priesteramt keine katholische Kirche. Ich möchte nicht auf das Priesteramt verzichten, auf Menschen, die sich in besonderer Weise Gott weihen und die so dem Volk Gottes dienen. Es ist ein Amt, das durch die Weihe legitimiert ist, nicht durch demokratische Wahlentscheidung; denn Christus selbst ist der Souverän der Kirche. Das gilt auch in einer synodalen Kirche.

Ich meine aber auch, dass die Begrenzung des Zugangs auf zölibatär lebende Männer zum Priesteramt den Reichtum der Kirche gerade in unserem Kulturkreis beschränkt. Die Tendenz hin zu Groß-Pfarreien sehe ich nach wie vor jedenfalls dann skeptisch, wenn die Strukturen nur konstruiert werden um die kleiner werdende Zahl zölibatär lebender Priester herum. Wenn wir also die Eucharistie als zentral bedeutsame Kultfeier verstehen, dann müssen wir uns auch der Ämterfrage neu öffnen. Das kann aber nur auf der Ebene der Weltkirche im Miteinander geklärt werden.

Meine Überlegungen, die ich in diesem Buch zur Debatte stelle, sind keine liturgiewissenschaftliche Abhandlung und erheben auch nicht den Anspruch einer Sakramententheologie im dogmatischen Sinn. Mir kommt es vor allem darauf an, deutlich zu machen, dass die Kirche das Evangelium nur in die Zukunft führen kann, wenn der Herzschlag von der kultischen Feier der Eucharistie ausgeht, wenn das Leben der Glaubensgemeinschaft dort ebenso pulsiert wie in der Weltverantwortung. Dann verkünden wir die befreiende Botschaft vom Reich Gottes und sind eine Gemeinschaft für die Welt.

Zukunft mutig mitgestalten

In den letzten Jahren wird viel über die Zukunft der Religion und der Kirche geschrieben. Dabei tauchen immer wieder Worte wie »Transformation«, »neue Reformation«, »Umbau« auf, die anzeigen, dass es nicht nur großen Veränderungsbedarf gibt, sondern dass sich auch die Welt verändert, was für die Kirche nicht folgenlos ist.
Ich füge diesen vielen Beiträgen nun also einen weiteren hinzu. Was mich bewegt und antreibt, ist gerade nicht, die Gegenwart hinter mir zu lassen, um mich einem Zukunftsmodell zuzuwenden. Im Hier und Jetzt will ich Hoffnung bezeugen für die Menschen, die das Christentum und den Kult brauchen. Wir können nicht ins Zukunftsglas schauen und wissen folglich nicht, was die nächsten Jahrzehnte bringen, auch nicht für die Sozialgestalt der Kirche.

Was wir aber tun können: uns dessen zu vergewissern, was hier und jetzt möglich ist und Zukunft mitgestalten. Es ist dabei wichtig, keine Wege zu versperren, sondern Zeichen und Akzente zu setzen, die neue Perspektiven eröffnen. Dass es dazu Zeit und Geduld braucht, erst recht in einer universalen, weltumspannenden Kirche, zeigen die synodalen Wege auf allen Ebenen.

Und deswegen sage ich ein herzliches Wort des Dankes an alle, die sich nicht entmutigen lassen, die wissen, dass es auf sie ankommt; einen herzlichen Dank an die Priester und an alle Seelsorgerinnen und Seelsorger, an alle getauften und gefirmten Christinnen und Christen, durch die das Evangelium in die Zukunft ausstrahlen kann, Menschen berührt und begeistert. Träumen wir nicht von der Vergangenheit. Und träumen wir nicht von einer Zukunft, die noch nicht da ist. Sondern: Setzen wir heute Zeichen, die in die Zukunft weisen. Dazu gehört auch, dass wir darüber reden, was in unserer Gesellschaft fehlt, wenn das Evangelium fehlt und wenn es nicht mehr lebendig wird in der Feier des Kultes und in der Hinwendung zu den Menschen.

Ich bin in einem Alter, in dem ich mich intensiver mit dem Tod beschäftige, und ich möchte meine Tage nicht mit resignativer Klage verbringen, sondern mit der Freude, an jedem Tag wenigstens ein wenig dazu beitragen zu können, dass Menschen in Jesus Christus den Weg zum Geheimnis Gottes finden, und sich so weiterhin Kraft entfaltet für die Veränderung der Welt.

Für mich persönlich hat die tägliche Feier der Eucharistie dafür eine entscheidende Bedeutung. Und ich wünsche mir, dass die sonntägliche Feier der Eucharistie von zentraler Bedeutung bleibt und wieder neu wird, ja werden muss. Christentum ist Kult! Darum ist es mir ein Anliegen, dass wir uns bemühen, die Feier des Pascha-Mysteriums zu beleben, sie einladend und gut zu gestalten, so dass Menschen aktiv teilhaben können und die ganze Welt im Blick bleibt. Ich halte das für die Zukunft der Kirche von außerordentlicher Bedeutung. Und das ist eben nicht nur eine Angelegenheit der Kirche. Das Christentum und der christliche Kult sind wichtig für die Welt und für unser Zusammenleben als Menschheitsfamilie.

Im Römerbrief hat Paulus das in einer Formulierung ins Wort gefasst, die mich seit meiner Zeit im Priesterseminar begleitet und inspiriert: »Ich ermahne euch also, Brüder und Schwestern, kraft der Barmherzigkeit Gottes, eure Leiber als lebendiges, heiliges und Gott wohlgefälliges Opfer darzubringen – als euren geistigen Gottesdienst. Und gleicht euch nicht dieser Welt an, sondern lasst euch verwandeln durch die Erneuerung des Denkens, damit ihr prüfen und erkennen könnt, was der Wille Gottes ist: das Gute, Wohlgefällige und Vollkommene!« (Röm 12,1 f.) Es geht um einen Gottesdienst, der anschlussfähig ist und mich selbst einbezieht, meine eigene Hingabe, mein eigenes Engagement, mein eigenes Leben und das Leben aller anderen, nicht angepasst an vergängliche Moden, und doch mitten in der Welt.

Mit Mut, Phantasie und Hoffnung wird das Christentum bestehen und die Kirche ihren Weg in die Zukunft gehen. Immer neu aufbrechen! »Fahr hinaus, wo es tief ist!« (Lk 5,4) Der Weg der Kirche und des Christentums ist in unserem Land noch lange nicht zu Ende. Und hoffentlich haben meine Gedanken das deutlich machen können: Das ist auch gut für das Land. Und deshalb geht die Zukunft des Christentums uns alle an.

16
Zum Schluss

Habent sua fata libelli – Bücher haben ihre Schicksale. So haben wir es gelernt. Und so ist es auch mit diesem Buch. Das Thema »Kult« treibt mich seit Jahren um. Und die Frage nach dem Kern des Christentums und wie dieser lebendig bleiben kann, ist ein Leitmotiv meines Lebens. Ich bin seit 45 Jahren Priester und seit 28 Jahren Bischof. Mit all den Erfahrungen, die ich in diesen Jahren in der Kirche und in der Gesellschaft, in meinem Leben und in unendlich vielen Begegnungen gemacht habe. Klar ist: Es wäre so vieles noch zu sagen. Auch bei der Abfassung dieses Buches sind mir immer wieder neue Gedanken und Fragen durch den Kopf gegangen. Es bleibt Fragment und ist eine Einladung an alle, selbst weiterzudenken, zu debattieren und eigene Gedanken vorzulegen. In meinem Themen- und Gedankenspeicher habe ich vieles abgelegt, aber wer weiß, ob Zeit und Energie reichen werden. Dennoch sage ich: Fortsetzung folgt – vielleicht. Vor allem wäre weiter zu beschreiben, wie vom Gottesdienst aus je neu »community building« geschieht. Hier ist pastorale Kreativität gefordert. Es braucht Ideen für Pfarreien der Zukunft.

Am Ende dieses Buches will ich dem Kösel-Verlag herzlich danken – allen voran Britta Egetemeier, Sigrid Fortkord und Luise Ritter –, die auch auf »Kult« gleich neugierig reagiert haben und das Projekt sehr gut begleitet haben. Besonders danke ich meiner Theologischen Referentin Inge Broy, die mich seit 20 Jahren intensiv in den Fragen der Theologie und auch meiner konkreten

Arbeit als Bischof begleitet. Ohne ihr kritisches Mitdenken, ordnendes Eingreifen und ein Übermaß an Engagement wäre ein solches Buch für mich neben den vielfältigen Aufgaben als Erzbischof gar nicht denkbar; ich käme nie ans Ende. Auch für das Sekretariat des Erzbischofs und den Erzbischöflichen Archivar, Guido Treffler, bedeutet so ein Projekt zusätzliche Arbeit. Ich sage allen einen herzlichen Dank für ihr Mitwirken, sodass ich jetzt dieses Buch der Öffentlichkeit übergebe und hoffe, dass es die Debatten um die Zukunft des Christentums in unserem Land und um die Zukunft unseres Landes bereichert.

Literaturhinweise

Die Bibel. Einheitsübersetzung der Heiligen Schrift. Stuttgart 2016.

Gotteslob. Katholisches Gebet- und Gesangbuch. Ausgabe für die Erzdiözese München und Freising. Stuttgart, München 2013.

Anne Applebaum: Die Verlockung des Autoritären. Warum antidemokratische Herrschaft so populär geworden ist. München 4. Aufl. 2022.

Anthony B. Atkinson: Ungleichheit. Was wir dagegen tun können. Stuttgart 2016.

Georg Bätzing: Fragen zur Zukunft der Demokratie im Wahljahr 2024. Auszug aus dem Pressebericht des Vorsitzenden der Deutschen Bischofskonferenz anlässlich der Pressekonferenz zum Abschluss der Frühjahrs-Vollversammlung der Deutschen Bischofskonferenz am 22. Februar 2024 in Augsburg. Zitiert nach: 2024-Fragen-zur-Zukunft-der-Demokratie-im-Wahljahr-2024.pdf (dbk.de).

Markus Barth: Schiffbruch als Glücksfall. Eine theologische Grille zu Apostelgeschichte 27. In: Annette Schavan (Hg.): Pfingsten! Warum wir auf das Christentum nicht verzichten müssen. München 2024, 48–69.

Matthias Belafi: Die elementare Wucht einfacher Zeichen. Zum Verhältnis von Liturgie und Politik. In: Manuela Glaab / Rudolf Korte (Hgg.): Angewandte Politikforschung. Eine Festschrift für Werner Weidenfeld. Wiesbaden 2012, 251–265.

Beschlüsse des Synodalen Weges der katholischen Kirche in Deutschland (= Der Synodale Weg; 20). Hg. vom Sekretariat des Synodalen Weges. Bonn 2023.

Christoph Böttigheimer: Die Reich-Gottes-Botschaft Jesu. Verlorene Mitte christlichen Glaubens. Freiburg 2020.

Bundesverfassungsgericht: Leitsätze zum Urteil des Ersten Senats vom 1.12.2009 in den Verfahren über die Verfassungsbeschwerde der Evangelischen Kirche Berlin-Brandenburg-schlesische Oberlausitz und des Erzbistums Berlin gegen das Berliner Ladenöffnungsgesetz vom 14.11.2006. Zitiert nach: Bundesverfassungsgericht – Entscheidungen – Adventssonntagsregelung für die Ladenöffnungszeiten in Berlin (§ 3 Abs 1 LÖG BE) mit Art 4 Abs 1 und Abs 2 iVm Art 140 GG und Art 139 WRV unvereinbar – einschränkende Auslegung von § 6 Abs 1 LÖG BE geboten (bundesverfassungsgericht.de).

Donatella Di Cesare: Philosophie der Migration. Berlin 2. Aufl. 2022.

Dikasterium für die Glaubenslehre: Erklärung »Fiducia supplicans« über die pastorale Sinngebung von Segnungen. Rom, Vatikanstadt, 18.12.2023.

Harald Dressing ed. alt. (Hgg.): MHG-Forschungsprojekt »Sexueller Missbrauch an Minderjährigen durch katholische Priester, Diakone und männliche Ordensangehörige im Bereich der Deutschen Bischofskonferenz.« Projektbericht. Mannheim, Heidelberg, Gießen, 24.9.2018. Zitiert nach: MHG-Studie-gesamt.pdf (dbk.de).

Evangelische Kirche in Deutschland (Hg.): Wie hältst du's mit der Kirche? Zur Bedeutung der Kirche in der Gesellschaft. Erste Ergebnisse der 6. Kirchenmitgliedschaftsuntersuchung. Leipzig 2023.

Papst Franziskus: Ansprache zur 50-Jahr-Feier der Errichtung der Bischofssynode. 17.10.2015. Zitiert nach: 50-Jahr-Feier der Einrichtung der Bischofssynode (17. Oktober 2015) | Franziskus (vatican.va).

Papst Franziskus: Brief über die Bedeutung der Literatur in der Bildung. 17.07.2024. Zitiert nach: Brief des Heiligen Vaters über die Bedeutung der Literatur in der Bildung (17. Juli 2024) | Franziskus (vatican.va).

Papst Franziskus: Apostolisches Schreiben »Desiderio desideravi« über die liturgische Bildung des Gottesvolkes (=Verlautbarungen des Apostolischen Stuhls Nr. 234). Hg. v. Sekretariat der DBK. Bonn, 29.06.2022.

Papst Franziskus: Apostolisches Schreiben »Evangelii Gaudium« über die Verkündigung des Evangeliums in der Welt von heute (=Verlautbarungen des Apostolischen Stuhls Nr. 194). Hg. v. Sekretariat der DBK. Bonn, 24.11.2013.

Papst Franziskus: Enzyklika »Fratelli Tutti« über die Geschwisterlichkeit und soziale Freundschaft (= Verlautbarungen des Apostolischen Stuhls Nr. 227). Hg. v. Sekretariat der DBK. Bonn, 3.10. 2020.

Papst Franziskus: Die Kirche ist aufgerufen, aus sich selbst herauszugehen. Rede von Jorge Mario Kardinal Bergoglio an die Kardinäle vor dem Konklave. In: Papst Franziskus: Und jetzt beginnen wir diesen Weg. Die ersten Botschaften des Pontifikats. Freiburg 2013, 122–124.

Papst Franziskus: Apostolisches Schreiben »Laudate Deum« über die Klimakrise (= Verlautbarungen des Apostolischen Stuhls Nr. 238). Hg. v. Sekretariat der DBK. Bonn. 4.10. 2023.

Papst Franziskus: Enzyklika »Laudato Si'« über die Sorge für das gemeinsame Haus (= Verlautbarungen des Apostolischen Stuhls Nr. 202). Hg. v. Sekretariat der DBK. Bonn, 24.05. 2015.

Ewald Frie. Ein Hof und elf Geschwister. Der stille Abschied vom bäuerlichen Leben. München 10. Aufl. 2023.

Francis Fukuyama: Das Ende der Geschichte. Wo stehen wir? München 1992.

Beate Gilles: Liturgie. Zeitzeichen und Quelle des Aufbruchs. Festansprache zum 75-jährigen Bestehen des Deutschen Liturgischen Instituts am 12.06.2022 in Trier. In: Gottesdienst. Zeitschrift der Liturgischen Institute Deutschlands, Österreichs und der Schweiz. 56 (2022) 14/15, 157–161.

Maja Göpel: Unsere Welt neu denken. Eine Einladung. Berlin 2020.

Jürgen Habermas: Auch eine Geschichte der Philosophie. 2 Bände. Berlin 2019.

Jürgen Habermas: Glauben und Wissen. Friedenspreis des Deutschen Buchhandels 2001. Frankfurt a.M. 2001.

Tomáš Halík: Der Nachmittag des Christentums. Eine Zeitansage. Freiburg 2022.

Tomáš Halík: Traum vom neuen Morgen. Briefe an Brückenbauer. Freiburg 2024.

Winfried Haunerland: Liturgie und Kirche. Studien zu Geschichte, Theologie und Praxis des Gottesdienstes. Regensburg 2016.

Georg W. F. Hegel: Vorlesungen über die Philosophie der Geschichte. Stuttgart 1961.

Samuel P. Huntington: Kampf der Kulturen. Die Neugestaltung der Weltpolitik im 21. Jahrhundert. München 1998.

Jenseits des Funktionalismus. Internationale Katholische Zeitschrift Communio. 53 (2024) 3.

Hans Joas: Die Entstehung der Werte. Frankfurt a.M. 1997.

Papst Johannes Paul II: Enzyklika »Centesimus Annus« zum hundertsten Jahrestag von Rerum novarum. 01.05.1991. In: Katholische Arbeitnehmer-Bewegung Deutschlands e. V. (Hg.): Texte zur katholischen Soziallehre. Die sozialen Rundschreiben der Päpste und andere kirchliche Dokumente. 9. erw. Aufl. Köln, Kevelaer 2007, 689–764.

Papst Johannes Paul II: Enzyklika »Redemptor Hominis« zum Beginn seines päpstlichen Amtes (= Verlautbarungen des Apostolischen Stuhls 6). Hg. v. Sekretariat der DBK. Bonn. 04.03.1979.

Walter Kasper: Theologie und Kirche. Mainz 1987.

Franz-Xaver Kaufmann: Katholische Kirchenkritik. Luzern 2022.

Paul Kirchhof: Religion und Glaube als Grundlage einer freien Gesellschaft. Freiburg 2023.

Renate Köcher: Nachhut oder Vorhut? Dem Christentum mangelt es an Selbstbewusstsein und Strahlkraft. Eine Dokumentation des Beitrags in der FAZ vom 05.04.1995. Allensbach 1995.

Renate Köcher: Probleme und Chancen religiöser Kommunikation. In: Communicatio Socialis 33 (2000) 3, 276–295.

Hans Küng: Projekt Weltethos. München, Zürich 2. Aufl. 1990.

Jörg Lauster: Der Heilige Geist. Eine Biographie. München 2021.

Jörg Lauster: Die Verzauberung der Welt. Eine Kulturgeschichte des Christentums. München 2. Aufl. 2015.

Friedrich Lenger: Der Preis der Welt. Eine Globalgeschichte des Kapitalismus. München 2023.

Jan Loffeld: Wenn nichts fehlt, wo Gott fehlt. Das Christentum vor der religiösen Indifferenz. Freiburg, Basel, Wien 2024.

Alfred Lorenzer: Das Konzil der Buchhalter. Die Zerstörung der Sinnlichkeit. Eine Religionskritik. Frankfurt a. M. 1981.

Neil MacGregor: Eine Geschichte der Welt in 100 Objekten. München 6. Aufl. 2015.

Neil MacGregor: Leben mit den Göttern. Die Welt der Religionen in Bildern und Objekten. München 2018.

Hans Maier: Vergiss das Böse! Das Pactum Omissionis als Element des Friedensschlusses in der europäischen Geschichte. In: Internationale Katholische Zeitschrift Communio. 52 (2023) 5, 513–516.

Reinhard Marx: Freiheit. München 2020.

Reinhard Marx: glaube! München 2013.

Reinhard Marx: Heute von Gott reden? In: Herder Korrespondenz Spezial 2/2022, 8–10.

Reinhard Marx: Ist Kirche anders? Möglichkeiten und Grenzen einer soziologischen Betrachtungsweise. Paderborn 1990.

Reinhard Marx: Das Kapital. Ein Plädoyer für den Menschen. München 2008.

Reinhard Marx: Kirche im Horizont der Moderne. Perspektiven aus dem Denken von Franz-Xaver Kaufmann. In: Herder Korrespondenz 78 (2024) 5, 20–22.

Reinhard Marx: Kirche überlebt. München 2015.

Johann Baptist Metz: Glaube in Geschichte und Gesellschaft. Studien zu einer praktischen Fundamentaltheologie. Gesammelte Schriften Band 3, Teilband 3/1. Freiburg 2016.

Johann Baptist Metz: Mystik der offenen Augen. Gesammelte Schriften Band 7. Freiburg 2017.

Jan-Werner Müller: Furcht und Freiheit. Für einen anderen Liberalismus. Frankfurt 2019.

Oswald von Nell-Breuning: Wir stehen alle auf den Schultern von Karl Marx: In: Günter Gaus (Hg.): Zur Person. Portraits in Frage und Antwort. Band 2. München 1966, 188–189.

Cees Nooteboom: Paradies verloren. Frankfurt a. M. 2005.

Eckhard Nordhofen: Corpora. Die anarchische Kraft des Monotheismus. Freiburg 2. Aufl. 2018.

Martha Nussbaum: Kosmopolitismus. Revision eines Ideals. Darmstadt 2020.

Papst Paul VI.: Apostolisches Schreiben »Evangelii Nuntiandi« über die Evangelisierung in der Welt von heute. 8.12.1975. In: Katholische Arbeitnehmer-Bewegung Deutschlands e. V. (Hg.): Texte zur katholischen Soziallehre. Die sozialen Rundschreiben der Päpste und andere kirchliche Dokumente. 9. erw. Aufl. Köln, Kevelaer 2007, 519–528.

Thomas Piketty: Das Kapital im 21. Jahrhundert. München 2014.

Hermann Josef Pottmeyer: Die Frage nach der wahren Kirche. In: Walter Kern / Hermann Josef Pottmeyer / Max Seckler (Hgg.): Handbuch der Fundamentaltheologie Band 3. Freiburg 1986, 212–241.

Michael Quante: Der unversöhnte Marx. Die Welt in Aufruhr. Münster 2018.

Karl Rahner: Frömmigkeit heute und morgen. In: Geist und Leben 39 (1966) 5, 326–342.

Karl Rahner / Herbert Vorgrimmler (Hgg.): Kleines Konzilskompendium. Sämtliche Texte des Zweiten Vatikanischen Konzils. 35. Aufl. Freiburg 2008.

Joseph Ratzinger: Der Geist der Liturgie. In: Gerhard Ludwig Müller / Institut Papst Benedikt XVI. Regensburg (Hgg.): Theologie der Liturgie. Gesammelte Schriften Band 11. Freiburg 2008.

Joseph Ratzinger: Das Christentum – die wahre Religion. In: Ders.: Glaube – Wahrheit – Toleranz. Das Christentum und die Weltreligionen. Freiburg 2. Aufl. 2003, 131–147.

Andreas Reckwitz: Das Ende der Illusionen. Politik, Ökonomie und Kultur in der Spätmoderne. Berlin 9. Aufl. 2023.

Andrea Riccardi: Die Kirche brennt. Krise und Zukunft des Christentums. Würzburg 2023.

Angelo Giuseppe Roncalli / Giovanni XXIII: Il Giornale dell'Anima. Soliloqui, note e diari spirituali. Hg. v. Alberto Melloni. Bologna 2003.

Hartmut Rosa: Demokratie braucht Religion. München 9. Aufl. 2023.

Frauke Rostalski: Die vulnerable Gesellschaft. Die neue Verletzlichkeit als Herausforderung der Freiheit. München 2024.

Amartya Sen: Die Idee der Gerechtigkeit. München 2020.

Peter Sloterdijk: Den Himmel zum Sprechen bringen. Berlin 3. Aufl. 2020.

Kiki Smith: Procession. Publikation anlässlich der Ausstellung im Haus der Kunst in München. Hg. von Petra Giloy-Hirtz. München 2018.

Thomas Söding: Gemeinsam unterwegs. Synodalität in der katholischen Kirche. Ostfildern 2022.

Sonja Angelika Strube: Rechte Versuchung. Bekenntnisfall für das Christentum. Freiburg 2024.

Teresa von Ávila: Das Buch meines Lebens. In: Ulrich Dobhan OCD / Elisabeth Peters OCE (Hgg.): Werke und Briefe. Gesamtausgabe. Band I: Werke. Freiburg 2015, 119–506.

Völkischer Nationalismus und Christentum sind unvereinbar. Erklärung der deutschen Bischöfe. Hg. v. Sekretariat der DBK. Bonn 2024.

Stephan Wahl: Erwarte von mir keine frommen Sprüche. Ungehobelte Psalmen. Würzburg 2022.

Zukunft gestalten aus dem Geist erfahrener Versöhnung. Gemeinsame Erklärung der Vorsitzenden der Polnischen und der Deutschen Bischofskonferenz aus Anlass des 50. Jahrestages des Briefwechsels von 1965. Tschenstochau 22.11.2015. Zitiert nach: 2015–223c-Gemeinsame-Erklaerung-50-J-Briefwechsel.pdf (dbk.de).

Abdrucknachweise

S. 25f.: Neil MacGregor: Leben mit den Göttern. Die Welt der Religionen in Bildern und Objekten. Abdruck mit freundlicher Genehmigung des Verlags C.H. Beck.

S. 27 und 28f: Jürgen Habermas: Auch eine Geschichte der Philosophie. 2 Bände. Abdruck mit freundlicher Genehmigung des Suhrkamp Verlags, vermittelt durch Frankfurt Rights.

S. 29f.: Peter Sloterdijk: Den Himmel zum Sprechen bringen. Abdruck mit freundlicher Genehmigung des Suhrkamp Verlags, vermittelt durch Frankfurt Rights.

S. 47f.: Renate Köcher: Probleme und Chancen religiöser Kommunikation. In: Communicatio Socialis 33 (2000) 3. Abdruck mit freundlicher Genehmigung der Nomos Verlagsgesellschaft.

S. 54f.: Thomas Söding, Gemeinsam unterwegs. Synodalität in der katholischen Kirche © 2022 Matthias Grünewald Verlag. Verlagsgruppe Patmos in der Schwabenverlag AG, Ostfildern. www.gruenewaldverlag.de

S. 66: Jürgen Habermas: Glauben und Wissen. Friedenspreis des Deutschen Buchhandels 2001. Abdruck mit freundlicher Genehmigung des Suhrkamp Verlags, vermittelt durch Frankfurt Rights.

S. 103: Cees Nooteboom: Paradies verloren. Abdruck mit freundlicher Genehmigung des Suhrkamp Verlags, vermittelt durch Frankfurt Rights.

Abkürzungsverzeichnis

CA Centesimus Annus. Enzyklika von Papst Johannes Paul II. 1991.

DBK Deutsche Bischofskonferenz.

EG Evangelii Gaudium. Apostolisches Schreiben von Papst Franziskus 2013.

EN Evangelii Nuntiandi. Apostolisches Schreiben von Papst Paul VI. 1975.

FT Fratelli tutti. Enzyklika von Papst Franziskus 2020.

GG Grundgesetz für die Bundesrepublik Deutschland.

GS Gaudium et Spes. Pastoralkonstitution des Zweiten Vatikanischen Konzils über die Kirche in der Welt von heute. 07.12.1965.

KMU 6. Kirchenmitgliedschaftsuntersuchung der Evangelischen Kirche in Deutschland 2023.

LD Laudate Deum. Apostolisches Schreiben von Papst Franziskus 2023.

LG Lumen Gentium. Dogmatische Konstitution des Zweiten Vatikanischen Konzils über die Kirche. 21.11.1964.

LS Laudato si'. Enzyklika von Papst Franziskus 2015.

MHG MHG-Forschungsprojekt »Sexueller Missbrauch an Minderjährigen durch katholische Priester, Diakone und männliche Ordensangehörige im Bereich der Deutschen Bischofskonferenz«. Projektbericht 2018.

RH Redemptor hominis. Enzyklika von Papst Johannes Paul II. 1979.

SC Sacrosanctum Concilium. Konstitution des Zweiten Vatikanischen Konzils über die Liturgie. 04.12.1963.

WRV Weimarer Reichsverfassung.

ZdK Zentralkomitee der Deutschen Katholiken.

Anmerkungen

1 Strube (2024), 137.

2 Vgl. Völkischer Nationalismus (2024).

3 Küng (1990), 102.

4 Vgl. Fukuyama (1992); Huntington (1998).

5 Haunerland (2016), 254.

6 Hegel (1961), 61.

7 Vgl. Frie (2023), v. a. 62–71; vgl. Köcher (1995).

8 MacGregor (2018), 37.

9 Habermas (2019). Band 1, 177.

10 Habermas (2019). Band 2, 806 f.

11 Sloterdijk (2020), 336.

12 KMU 93.

13 Vgl. etwa Loffeld (2024).

14 Vgl. Halík (2022).

15 Kaufmann (2022), 61.

16 Völkischer Nationalismus (2024), 12.

17 Bätzing (2024), 2.

18 Riccardi (2023), 262.

19 Papst Franziskus: Die Kirche (2013), 123.

20 Marx (1990), 451.

21 »Non è il Vangelio che cambia: siamo noi che cominciamo a comprenderlo meglio.« Vgl. Roncalli / Giovanni XXIII (2003), 1963.

22 Beschlüsse des Synodalen Weges (2023), 23 f.

23 Köcher (2000), 289 f.

24 Söding (2022), 49.

25 Söding (2022), 56 f.

26 Söding (2022), 57 f.

27 Metz (2016), 107.

28 Söding (2022), 205.

29 Gotteslob Nr. 588,7.

30 Habermas (2001), 30 f.

31 Vgl. Habermas (2001).

32 Vgl. auch Joas (1997).

33 Bundesverfassungsgericht: Leitsätze zum Urteil des Ersten Senats (2009).

34 Metz (2016), 184.

35 Lenger (2023), 12.

36 Quante (2018), 12.

37 Nell-Breuning (1966), 194.

38 Lorenzer (1981).

39 Vgl. Lorenzer (1981), 287.

40 Vgl. Jenseits des Funktionalismus (2024).

41 Vgl. Zukunft gestalten (2015).

42 Maier (2023), 514.

43 Nordhofen (2018), 158 f.

44 Teresa von Ávila (2015), 174.

45 Rosa (2023), 66.

46 Vgl. Pottmeyer (1986), bes. 232 ff.

47 Papst Franziskus (2024).

48 Nooteboom (2005), 25 ff.

49 Smith (2018), 40.

50 Gilles (2022), 159.

51 Pottmeyer (1986), 232.

52 Böttigheimer (2020), 30.

53 Halík (2022), 66 f.

54 Papst Franziskus (2022).

55 Papst Franziskus (2015).

56 Söding (2022), 198.

57 Söding (2022), 294.

58 Beschlüsse des Synodalen Weges (2023), 8.

59 Söding (2022), 60.

60 Vgl. Marx (1990).

61 Vgl. auch Joh 14,23; 17,24.

62 Barth (2024), 61 f.

63 Rahner (1966), 335.

64 Metz (2017), 12.

65 Reckwitz (2023), 304.

66 Vgl. Ratzinger (2003), 131–147.

67 Kirchhof (2023), 150.

68 Vgl. dazu ausführlicher Marx (2022).

69 Belafi (2012), 260.

70 Vgl. Halík (2024).

71 Vgl. Marx (1990), bes. 426–445.

72 Kasper (1987), 320.

Freiheit bedeutet Mut
zur Veränderung

Der Begriff »Freiheit« ist für viele Menschen nicht mit Religion vereinbar. Doch für Kardinal Marx gehört »Freiheit« zu den Kernbotschaften des Christentums. Wer frei ist, kann sich einbringen, wer frei ist, kann handeln, wer frei ist, kann sich binden und lieben, wer frei ist, kann sich frei entscheiden.

KÖSEL
www.koesel.de

Gute Gründe zu glauben

REINHARD
MARX

glaube!

KÖSEL

»In der Kürze dieses Buches liegt daher durchaus eine gewisse Würze, wo in konsequenten Schritten gute Gründe des Glaubens entfaltet werden.«
Die Tagespost

KÖSEL
www.koesel.de

Kirche existiert mitten in der modernen Gesellschaft

Zwischen Anpassung und Widerstand muss die Kirche in kritischer Solidarität ihr Zeugnis in eine freiheitliche Kultur eintragen. Nicht von oben her bekehren, sondern durch Beispiel und Argument überzeugen: darum geht es.

 KÖSEL
www.koesel.de